Auxiliando a humanidade a encontrar a Verdade

Anaís do Akasha

Daniel Meurois-Givaudan

Anais do Akasha
... portal das memórias da eternidade

© 2009 – Conhecimento Editorial Ltda

ANAIS DO AKASHA
Les Annales Akashiques
Daniel Meurois-Givaudan

Todos os direitos desta edição reservados à
CONHECIMENTO EDITORIAL LTDA.
Caixa Postal 404 – CEP 13480-970
Limeira – SP
Fone/Fax: 19 3451-0143
home page: www.edconhecimento.com.br
e-mail: conhecimento@edconhecimento.com.br

Nos termos da lei que resguarda os direitos auto-
rais, é proibida a reprodução total ou parcial, de
qualquer forma ou por qualquer meio – eletrônico
ou mecânico, inclusive por processos xerográficos,
de fotocópia e de gravação –, sem permissão por
escrito do editor.

Tradução:
Julieta Leite
Revisão:
Mariléa de Castro
Projeto gráfico:
Sérgio Carvalho
Ilustrações:
Banco de imagens

ISBN 978-85-7618-175-0

[Impresso no Brasil / Presita in Brazilo]

Impressão e acabamento:
CONHECIMENTO EDITORIAL LTDA
grafica@edconhecimento.com.br

Dados Internacionais de Catalogação na Publicação (CIP)
(Câmara Brasileira do Livro, SP, Brasil)

Meurois-Givaudan, Daniel
    Anais do Akasha : portal das memórias da
eternidade / Daniel Meurois-Givaudan ; [tradu-
ção de Julieta Leite] – 1ª. edição –, Limeira, SP:
Editora do Conhecimento, 2009.

Título original: *Les Annales Akashiques — por-
tail des mémoires d'éternité*
ISBN 978-85-7618-175-0

1. Anais do Akasha 2. Preexistência 3.
Reencarnação I. Título.

09-04553   CDD – 133.90135

Índice para catálogo sistemático:
1. Anais do Akasha : Parapsicologia 133.90135

Daniel Meurois-Givaudan

Anais do Akasha
... portal das memórias da eternidade

Tradução de Julieta Leite

1ª Edição – 2009

Editora do Conhecimento
Obras de Daniel Meurois-Givaudan:

- O Caminho dos Essênios – Vol. 1 — 2004
- O Caminho dos Essênios – Vol. 2 — 2004
- Os Não Desejados — 2005
- A Morada do Filho do Sol — 2007
- Os Anais do Akasha — 2009
- Francisco das Aves — Clara do Sol (no prelo)
- O Evangelho de Maria Madalena (no prelo)

Obs: A data após o título se refere à nossa primeira edição.

Para Marie Johanne, com amor, em agradecimento por seu apoio tão efetivo e valioso.

Para Martine e Daniel pela fiel amizade.

... e para todos que guardam a memória.

Sumário

Antes de navegarmos juntos   13
Capítulo 1: Em busca de um instrumento de trabalho   16

As primeiras abordagens 16
Aprendizagem 17
Uma experiência integral 21
Entre o medo e a elasticidade do Tempo 23
Um comportamento místico 25
Quando a viagem se transforma em meditação 25
Uma memória hiperaguçada 27
Uma tradução instantânea 28
Uma frustrante impotência 29
Rever os filmes 30
Três tipos de viagem 32
Uma alma sobre suas próprias pegadas 33
A cinemateca do nosso mundo 37
Viver saltando no Tempo 39
Equilíbrio e lembrança 41

Capítulo 2: Anatomia dos Anais do Akasha   43

A natureza do filme 43
O Akasha e sua trama 45

O Espírito, a Alma e o Corpo de Deus 48
Um passo rumo à psicometria 51
A natureza da câmera 52
A produção do filme 53
O dossiê átomo-permanente 55
A Memória das memórias 56
Uma missão para cada planeta 58
Anais neutros, quentes e frios... 60

Capítulo 3: O labirinto 62
Um certo desconhecido 62
Técnica e ética 66
Dois casos de mistificação 67
Uma medida de proteção 69
Os testes 70

Capítulo 4: Os anais ilusórios 73
Anatomia da matéria 73
Os quatro Éteres 75
Os espelhos deformantes 76
O espelho das egrégoras 78
A vizinhança da ilusão 79
A verdade 80
As egrégoras religiosas 82

Capítulo 5: Os guardiães do umbral 85
Prova ou convite? 87
A chave 88
Os Senhores da Chama 90
Os neurônios divinos 92
Acima do bem e do mal 93
O Akasha e o Verbo primordial 84

Capítulo 6: Alguns passos no vazio 97
A virtualidade das vidas e do Tempo
A percepção do presente 97

A roda das vidas 99
A essência do Ser no centro do Tempo 100
Redefinir o racional 102
A hipótese da simultaneidade 103
Duas histórias para meditar 104
A espiral das vidas 107
O passado atual 109
O futuro da Memória 110

Capítulo 7: O carma e o espaço-tempo   114
Entre a espuma e o suco 114
Maya e o carma 117
Uma única vida 118
A memória akáshica e Maya 119
Aceitar as regras do jogo 120
Final dos Tempos e remissão dos pecados 122
Quem limpa a memória? 124

Capítulo 8: A re-unificação   127
A doença da amnésia 128
Uma saída para o alto 128
Contemplar sem sobressaltos 129
O medo-raiz 130
Nosso caos mental 131
Interromper a projeção 132
Meditar? 134
Algumas noções para a purificação do mental 134
Re-inventar-se 136
A esfera do *nous* 137
A distensão celular 138
O bastão de reconciliação 138
Os frutos da vacuidade 141
Lembrar-se da Luz 142

Anexo: O casamento do Akasha com o Prâna   143

Anais do Akasha   11

Antes de navegarmos juntos...

Estava ouvindo um Agnus Dei, uma dessas melodias imortais que transportam a alma revelando-lhe suas próprias asas. Era tão doce que nem por um instante duvidei que não tivesse sido captada no infinito dos arquétipos a fim de iluminar alguns séculos, ou mais... e que desapareceria em seguida das memórias terrestres.

Era tão intensa que eu sabia que ressurgiria então num outro tempo, captada novamente por uma grande alma... como um germe de despertar, ou de memória, para as Humanidades que virão.

Dizia-me que esse era, sem dúvida, o destino das grandes melodias. Nascer, partir, voltar, sumir, para sempre tornar a renascer, zombando do Tempo que passa e dos homens que sonham poder capturá-lo.

Aliás, quem era aquele homem que conseguira arrebatar da Eternidade tão sublime melodia?

Ignorava-lhe até mesmo o nome. Nessa época de Natal, em que os cantos se sucedem, o rádio sem dúvida mal o tinha murmurado, era apenas um detalhe.

Foi exatamente aí, lembro-me, nas profundezas douradas que esse estado de consciência fazia nascer em mim, que vivi espontaneamente um dos meus primeiros mergulhos no que hoje chamo a Memória do Tempo, os Anais do Akasha.

Meu coração dilatado ocupara tanto espaço na magia do instante, que me fizera esquecer o resto do meu corpo. O tempo de um piscar de olhos... e, do exterior, vi-me abandonado, olhos semicerrados, afundado numa poltrona de veludo. Calmamente, sem a menor perda de consciência, uma espiral de luz me havia arrebatado no seu claro silêncio.

Onde eu estava e para onde ia? Não importava. Desses instantes, guardo especialmente a sensação de ter-me metamorfoseado num vento de exaltada liberdade. De paz também... Uma paz que me levou a seguir um fiozinho luminoso que se estendia diante de mim indefinidamente, em linha reta.

Que aconteceu depois? Houve uma espécie de explosão surda no centro do espaço onde eu avançava e, de repente, vi-me diante de um homem debruçado sobre uma escrivaninha de madeira escura.

A cena era tão nítida! Eu estava parado lá, na frente dele, como um único olho estranho àquele mundo que se abria, mas percebendo-lhe o menor movimento de vida. Costas arqueadas, o homem, jovem ainda, escrevia febrilmente. O que nascia da sua pena não eram palavras; eram notas, brancas ou pretas, que brotavam num ritmo frenético sobre uma pauta musical. No fundo do aposento, diante de uma prateleira onde se empilhavam alguns livros, estava um piano, o ventre aberto, na expectativa de um parto.

Bruscamente, violentamente quase, tudo se rompeu no fundo da minha alma. Percebi um rangido de pneus, a agressão de um motor sendo acionado... e de novo voltei a mim, imóvel e de olhar esgazeado, na minha poltrona de veludo. A realidade – ou melhor, a *minha* realidade – suplantara minha consciência, atraindo-a. Na rua, o aumento do fluxo de carros transmitira seu ruído pesado ao meu ser de carne e tudo estava acabado...

Teria sonhado? Eu sabia que não. Toda vez que um fenômeno assim aconteceu, eu tive, antes, a sensação – para dizer a verdade, tive a certeza – de despertar no meio dele mais vivo.

Não podia duvidar que o homem que eu vi, debruçado

Daniel Meurois-Givaudan

sobre sua partitura nascente, não fosse o autor do Agnus Dei, e que existisse ainda lá, em algum lugar, numa espécie de *presente definitivo*. Como, depois disso, pensar nele no passado? Parecia-me absurdo e, principalmente, incompatível com a extensão de verdade do que acabava de tocar com a alma...

Depois dessa experiência perturbadora, e de várias outras que se seguiram, muitos anos se passaram, cada qual mais rico do que o outro em mergulhos no oceano do Tempo. Meu corpo envelheceu, é claro... Quanto à minha consciência – esta percepção de mim mesmo que não cessou de querer aprender a libertar-se de todos os parâmetros da sua veste carnal – tenho a sensação de que ela até tenha rejuvenescido em contato com uma abordagem íntima do que poderia ser a Eternidade.

A princípio espontâneas e incontroláveis, minhas incursões na Memória do Tempo tornaram-se progressivamente voluntárias, depois totalmente dirigidas. Sua repetição freqüente – diria até incessante – por quase trinta anos, é que faz de mim o autor do testemunho e das reflexões que você está se preparando para descobrir.

É a beleza da experiência que me leva a escrever, a falar. Não o desejo de convencer, porque, se hoje estou persuadido de que a compreensão do que é espaço-tempo representará uma orientação decisiva no caminho do desdobramento da consciência e da sua libertação, estou igualmente convencido de que tal compreensão não se inculca à força de argumentos. Ela só pode emergir pouco a pouco, seguindo-se a cura de rejuvenescimento que toda verdadeira busca interior, audaciosa, amante e sem idéias preconcebidas exige. Trata-se de um trabalho de exploração.

É seguindo a linha das minhas próprias reflexões, e também ao sabor das minhas lembranças, que convido o leitor a seguir-me. Às vezes minha experiência incluirá algumas das deduções da física quântica, mas sempre dará lugar à verdade da experiência cardíaca...

Boa navegação sobre as vagas do Tempo!

Capítulo 1
Em busca de um instrumento de trabalho

As primeiras abordagens

Quando começamos a tomar consciência de que "alguma coisa" em nós possui a capacidade de ter acesso a imagens do passado, estamos muito longe de imaginar a vastidão do continente sobre o qual pisamos. Em matéria de continente, aliás, tratar-se-ia, antes, de um universo completo.

Quanto a mim, uma vez absorvido o choque das primeiras experiências espontâneas, deixei-me levar, durante alguns meses, por uma onda de entusiasmo curioso. Se era exato que uma certa Memória estava armazenada em "algum lugar" no Impalpável e que o espírito humano podia ter acesso a ele, que fascinante aventura isso prometia à nossa espécie!

Já me via investigando os séculos e os milênios e – por que não? – reescrevendo a História. Desejo de sonhador, a priori, anseio louco, sem dúvida, mas também e principalmente expressão de uma intensa sede de verdade...

Desde minhas primeiras aulas, por mais estranho que isso possa parecer, sempre tive a convicção de que a História, tanto a nossa pequena história pessoal como a grande, nossa História coletiva, deviam ser bem diferentes do que nos contam... ou do que nos lembramos. As noções de censura, de manipulação, de parcialidade e de amnésia nunca foram para mim conceitos vãos.

Inicialmente, onde começava nossa própria história? No ventre da nossa mãe, com um insignificante embrião de carne que crescia e depois, como por magia, tornava-se "inteligente"? Se tínhamos uma alma, teria ela origem no Tempo e atravessado a Eternidade? Mistério...

Quanto às nossas peregrinações coletivas no planeta, jamais consegui aceitar cegamente os resumos apresentados nas enciclopédias e manuais escolares. Na verdade, o simples bom senso permite compreender rapidamente que seus relatos e análises são, com muita freqüência, joguetes de tendências políticas, de modas filosóficas ou de pesquisas científicas que se exterminam mutuamente. Um mesmo acontecimento não será contado de maneira diferente, e, às vezes, segundo uma ótica radicalmente oposta, nas colunas de várias revistas de tendências divergentes?

Então, onde está a verdade, a nossa e a do mundo? A verdade é o que nossos olhos captam ou o que a nossa consciência compreende ou, mesmo, quer compreender?

Aprendizagem...

Foram todas essas considerações, e a interminável cascata das que delas derivam naturalmente que, sem a menor dúvida, levaram-me a tentar saber mais sobre o Tempo e a Verdade, tão logo foi assimilado o "estremecimento d'alma" das minhas primeiras incursões na Memória do passado.

Se pretendia captar a essência do fenômeno que se produzia cada vez que minha consciência "se desligava" do meu corpo físico para mergulhar num além desconhecido, eu precisava ter um método de trabalho. Foi, pois, à construção desse método, depois ao seu polimento, que me dediquei incansavelmente durante anos.

Desde a partida, uma primeira evidência se impôs: cada

vez que se produzia, o fenômeno era precedido por uma fase durante a qual a percepção de mim mesmo se desconectava do que chamamos real. Essa fase, cuja duração variava, caracterizava-se sempre por um esquecimento total do meu corpo físico. Quero dizer que meu corpo não me era mais perceptível. Não só eu era incapaz de mover um dedo, como não tinha vontade de fazê-lo, de tal modo a matéria do meu ser me era indiferente. Se esse estado não se instalasse, era inútil esperar a menor experiência...

A segunda evidência dizia respeito ao meu nível de lucidez. Este não enfraquecia, como ocorre quando estamos prestes a ser vencidos pelo sono; ao contrário, ampliava-se. Assim, o nível de consciência em que eu entrava acentuava minha vigilância cerebral e a acuidade das minhas sensações profundas. Em resumo, quanto mais meu corpo de carne me parecia estranho, mais me sentia vivendo num verdadeiro *presente absoluto*.

Depois, meu itinerário interior podia variar. Na maioria das vezes, eu me via brevemente do lado de fora, depois, independentemente da minha vontade, logo me deixava guiar por uma espécie de fio luminoso, tal como descrevi anteriormente. O espaço que então atravessava parecia um "vazio", nem claro nem escuro, um vazio que às vezes, porém, se deixava embelezar por algumas faíscas em tons dourados.

Quanto ao fio diretor que me puxava para a frente, demorei para perceber que estava apoiado num ponto situado entre meus dois olhos, embora essa expressão não significasse mais grande coisa no estado em que me encontrava.

Quanto tempo durava essa fase da experiência? É difícil dizer... É certo, no entanto, que quanto mais me familiarizava com esse tipo de projeção de consciência fora do corpo, mais o "trajeto" me parecia rápido antes da emergência das primeiras imagens do passado.

Será necessário especificar que essa diferença na percepção do tempo de viagem era de ordem puramente subjetiva? Ela estava intimamente ligada ao meu nível de confiança e, conseqüentemente, de entrega. Para mim já estava claro que não se tratava de uma distância física a ser percorrida através de um cosmos qualquer, mas de uma fronteira interior a ser transposta.

Às vezes, meu mergulho num outro espaço temporal não se efetuava simplesmente em função da minha docilidade em seguir um fiozinho luminoso. Minha trajetória, então, me levava com enorme rapidez ao interior do que posso descrever como uma imensa cúpula de vidro, ou de cristal...

Lá, o ambiente era incrivelmente tranqüilo, quase acolchoado. Sem que minha vontade interviesse, via-me andando sobre um chão translúcido, que deixava aparecer abaixo de mim a outra parte, invertida, da cúpula.

Isso deveria provocar uma sensação de vertigem, mas não... Parecia-me natural. À medida que me aproximava invariavelmente das paredes da cúpula, percebia que, até a altura de um homem, estavam parcialmente recobertas de livros.

Foi então que "alguém" que eu não distinguia apanhou um e abriu-o para mostrar-mo. As páginas, que eram de um branco leitoso, cativavam tanto meu olhar que este se perdia nelas e uma imensidão de imagens do passado surgiam na minha consciência. Exceto como em algumas experiências precisas que já tive oportunidade de testemunhar[1] e que diferiam um pouco desta, não podia deixar de confiar no Desconhecido e tentar compreender, ao retornar, o porquê dessas imagens e não outras.

Na realidade, eu não dirigia grande coisa. Era como se uma força exterior a mim burilasse minha alma para familiarizá-la, certamente, com uma de suas aptidões, mas também com um aspecto desconhecido do nosso universo. Considerava-me, pois, em aprendizagem.

Essa fase, que direi "teleguiada", não durou mais do que dois ou três anos. As imagens em que eu mergulhava, sem poder intervir em nada, em sua maior parte pareciam-me per-

---

1 Ver *Récits d'un voyageur de l'Astral*, ed. Le Perséa, *e Terra de Esmeralda*, ed. Penssamento.

tencer a um passado muito remoto da nossa Humanidade, relacionadas com as mutações da nossa espécie e suas grandes migrações. Eram, no entanto, inexpressivas, no sentido de que podia observá-las de modo relativamente frio, mesmo tratando-se de acontecimentos dramáticos como uma explosão, uma explosão atômica, por exemplo.

Durante algum tempo, julguei tratar-se de um quebra-cabeça de informações cujas peças eu precisava colar, sem compreender bem por quê. Devo dizer, no entanto, que o quebra-cabeça em questão nunca se reconstituiu integralmente, e que para mim seus elementos, captados no Infinito, tinham, antes de mais nada, uma função formadora.

Foram incursões no Tempo, como as ligadas ao Agnus Dei e ao seu compositor, que progressivamente me despertaram para um outro modo de penetrar o passado.

Essas incursões, mais próximas de nós, mais íntimas também, foram decisivas. Sua dimensão humana pouco a pouco cultivou em mim uma entrega crescente e mesmo uma satisfação que contribuíram, tenho certeza, para simplificar meu processo de imersão na Memória do Tempo.

Hoje, na verdade, depois de todos esses anos, só muito raramente tenho a percepção daquele fiozinho de luz que eu tinha que seguir, e menos ainda da cúpula translúcida. Minha consciência se separa do meu corpo – que rapidamente se torna insensível – observa-o do exterior por alguns instantes, depois é imediatamente aspirada pela realidade de um outro Tempo, sem que haja necessidade de uma fase preparatória suplementar.

Numa fração de segundo, encontro-me simplesmente diante de uma tela de um branco leitoso. Essa tela, que evidentemente é o reflexo de um estado da minha consciência, às vezes me dá a impressão de que é percorrida por faixas verticais acinzentadas, que se deslocam da esquerda para a direita. Na imensa maioria desses casos, porém, a tela se rasga ao meio, me atrai para dentro da abertura e, sem qualquer transição, me impele para o centro de uma cena do passado.

A viagem, como se pode constatar, é breve, sem dúvida

devido à felicidade que pouco a pouco aprendi a deixar invadir-me durante uma experiência assim. O que vem estimular-me não é mais uma curiosidade especulativa, nem um exercício de relaxamento ou de confiança orientada. Não é de modo algum um exercício, é um ato de amor mesclado de alegria... mesmo que eu saiba que o que vou descobrir talvez seja doloroso.

Uma experiência integral

Até aqui apenas mencionei imagens misteriosamente captadas no passado. Devo, no entanto, ser mais preciso, porque, em matéria de imagens, trata-se, antes, de filmes completos. Quando digo completos, deve-se compreender que o termo, nesse caso, assume todo seu significado. Realmente, quando pensamos em "filme", imediatamente imaginamos um espetáculo televisionado, ou projetado numa tela de cinema. Não é este o caso quando se trata de descortinar cenas que emergem do passado.

Uma tela, seja ela qual for, é um perímetro delimitado; nós nos colocamos diante dela, portanto, do lado de fora e estritamente na posição de espectadores. No caso de uma leitura no Tempo, o campo de visão se amplia a cento e oitenta graus, mais até. Isso leva à conclusão de que não há mais distância entre quem observa a cena e a cena em si. A visão é mais global, do mesmo modo que o ângulo de percepção é igualmente impressionante na vertical. Longe estamos de um filme projetado sobre o que seria uma imensa tela panorâmica semicircular...

A penetração da Memória do passado, porém, não se limita a isso. Ela envolve todos os sentidos. Assim, o ouvido, o olfato, o tato... e às vezes até o paladar acham-se em plena atividade ao longo da experiência. No que me concerne, diria que ficam ampliados como se o que captou o passado fosse dotado de aptidões superdimensionadas.

Quanto mais me debruço sobre a singularidade desse fenômeno, mais me convenço de que o ser humano, no estado de vigília, acha-se diminuído, amputado da maior parte do seu potencial de percepção. *Nosso estado de "normalidade" seria, na realidade, um estado de "subsensibilidade".*

Como esquecer todas as cenas que me fizeram mergulhar no centro de praças públicas e pequenos mercados de outrora, seja no Egito antigo, na Palestina há dois mil anos, ou na Europa na época medieval? Cito-as como exemplo, pois são as mais significativas quanto ao caráter integral e impressionante da experiência vivida na Memória do Tempo. A partir do momento em que a consciência se expande para tocar zonas novas e inexploradas do nosso universo, nossos parâmetros clássicos explodem.

Quando uma alma perambula entre os balcões das vielas da cidade egípcia de Akhetaton, há mais ou menos três mil e quinhentos anos, ela é o receptáculo de uma sinfonia de percepções absolutamente extraordinária. É o perfume de uma profusão de especiarias que a envolve, o odor das bolachas de grão-de-bico que a atrai, o calor do sol que a agride, o contato quase rugoso dos panos de linho que a envolvem... e o gosto desconcertante de uma cerveja morna que acaba de encarná-la.

Quando se capta a imensidade do que tal imersão no Tempo faz vivenciar, compreende-se que ela nada tem de insignificante, que não é necessariamente feita para facilitar a vida cotidiana e que suscita uma enorme onda de questionamentos.

No meu caso, a maioria das minhas incursões no Tempo se caracterizam pela sensação imediata de contato com o solo. Assim, "superpondo-se" às primeiras imagens captadas, virá impor-se logo, por exemplo, a percepção das "minhas" plantas dos pés andando sobre a areia quente, ou então a certeza de estar usando um par de botas que estalam sobre as lajes de pedra de um castelo.

A meu ver, esse aspecto tátil da experiência é preponderante porque, talvez mais do que seu lado visual ou auditivo, ele dá a sensação de estar ali, bem presente, em carne e osso, no próprio âmago da ação. É o mesmo que dizer que ele participa decisivamente no impacto emocional que o fenômeno imprimirá na consciência. Sabe-se muito bem, a partir disso, que não se trata de "cinema", mas de tocar bem concretamente numa dimensão do nosso universo – ou do nosso ser – no mínimo desconcertante.

É nesse sentido que é difícil empregar o termo visão para evocar esse tipo de vivência. A palavra visão, no espírito comum, subentende uma imagem fluida, breve, mais relacionada com o mundo onírico do que com uma realidade tangível. Se às vezes a utilizei, foi por falta de um vocábulo adequado para falar de um fenômeno para o qual nossa sociedade ainda não conseguiu formar um conceito.

Não se trata absolutamente de um sonho provocado e dirigido, mas de uma imersão que eu qualificaria como concreta, num espaço que ainda escapa ao raciocínio clássico por falta de referências. A consciência está "em outro lugar", em plena posse de todas as suas faculdades, qual um capturador de vida integral.

Entre o medo e a elasticidade do Tempo

No que diz respeito a mim, quanto tempo terrestre dura a experiência? Às vezes três horas, quando está plenamente desenvolvida, ou seja, quando a vivo com um propósito intencional, de um testemunho. É evidente que esse lapso de tempo relativamente longo não se impôs de repente. Foram necessários vários anos de prática, de ajustamento de um mecanismo em mim, antes que essa duração conseguisse ser atingida.

Deixo bem claro, aliás, que não procurei atingi-la como se quisesse testar minha resistência ou bater um recorde qualquer. As três horas instalaram-se automaticamente, talvez porque correspondam a uma espécie de comodidade para minha alma em viagem.

Se, por um motivo particular, ocorre-me o desejo de prolongar a experiência além desse lapso de tempo, chegando a quatro horas, por exemplo, ao retornar sinto-me muito cansado, com a incômoda sensação de não estar plenamente presente e – o que é mais grave – com um certo desinteresse pela vida cotidiana. Esta me parece então completamente monótona e ilusória, apenas uma faceta microscópica entre outras pertencentes a uma dimensão infinitamente maior e inexplorada, a da Verdadeira Vida...

Evidentemente, quando nos encontramos mergulhados no que se pode chamar Memória temporal, não se tem relógio de pulso, nem relógio na parede diante de si para autocontrolar-se. Quanto a mim, é uma espécie de náusea e de fisgada no umbigo – mesmo que eu não tenha qualquer percepção do meu corpo físico – que me chamam à ordem. Então, basta-me expressar interiormente o desejo de voltar para desencadear um processo que permite que meu mental se desconecte da cena vivenciada. A partir desse instante, o retorno se efetua rapidamente. As imagens se confundem, todos os meus sentidos ficam entorpecidos e volto a mim com uma breve mas forte sensação de queda.

É nesse momento que convém não se deixar tomar pelo medo... medo da vertigem da queda, medo de não conseguir voltar para o invólucro físico ou de ter dificuldade para voltar. Nesse caso, o medo – ou seja, a falta de descontração e de confiança – bastaria para provocar dificuldades se a "recuperação" do corpo não se efetuasse harmoniosamente. Falamos de vertigens significativas, da sensação de "estar andando ao lado de si mesmo" e de dores de cabeça.

Todos a quem a vida fez experimentar, consciente e voluntariamente, esse fenômeno baseado na projeção da consciência fora da sua veste de carne, não ignoram esses dissabores, pois são eles que lhes balizam a aprendizagem.

Já que estou falando do medo, não deixarei de dizer que é inegável que ele continua sendo o principal obstáculo a toda expansão interior do ser. Na fase inicial, a ausência total de percepção do corpo físico pode, por si só, engendrar o medo. Isto basta para bloquear a experiência...

Buscando nas minhas lembranças, posso dizer que um dos fatos que mais me marcaram por ocasião das minhas primeiras incursões no passado foi exatamente a distorção da percepção do Tempo. Logo percebi que, enquanto três horas se escoavam no nosso mundo, a parte de mim que tinha acesso a imagens de uma outra época vivia lá um dia inteiro, nos seus mínimos detalhes, e perfeitamente atenta. Essa constatação tende a provar-nos que a percepção do tempo que passa é de ordem completamente subjetiva e repousa – longe de certos critérios psicológicos – sobre o nível de consciência do indivíduo. O Tempo é condicionado pelo referencial através do qual é mensurado. Assim, como dimensão, ele seria elástico e, portanto, totalmente relativo, exatamente como as distâncias físicas reduziram-se consideravelmente em nosso planeta há mais ou menos um século. Mil quilômetros de hoje não significam mais mil quilômetros de antigamente...

Um comportamento místico

Se, após quase três decênios de prática, esse fato não me surpreende mais, devo contudo reconhecer que viver a elasticidade do Tempo no cotidiano deste mundo nem sempre é fácil e requer um equilíbrio sério.

Evoluímos no seio de uma sociedade que nos induz a querer medir tudo com precisão, a quantificar tudo e, de certo modo, a reduzir tudo a definições tranqüilizadoras, como se para conjurar a vertigem que poderia fazer nascer uma profunda reflexão sobre a natureza do nosso universo e da memória... O fato, porém, é que nada é fixo, que vivemos num mundo em que o lugar ocupado pelo virtual é crescente e a ninguém surpreende, e que só o que palpita dentro do nosso peito pode ainda servir de referência... pelo menos para quem não duvida da realidade da sua alma.

Quando a viagem se transforma em meditação...

É precisamente neste ponto do meu testemunho que estava ansioso por chegar... Até aqui, usei os termos experiência e fenômeno por obrigação, diante de um vocabulário forçosamente limitado num domínio que, no que lhe diz respeito, é incomensurável. Infelizmente, são áridas, de tom bastante técnico, as palavras que usamos quando o raciocínio clássico o exige.

Minha intenção, no entanto, é levar o leitor a um domínio bem diferente desse, a um mundo onde a inteligência cardíaca predomina, a um mundo onde o espírito pulveriza todos os pontos de referência do pensamento analítico e questionador, a um universo, enfim, onde o Divino é o verdadeiro regente da orquestra.

Do meu ponto de vista e com a prática que tenho, é inegável que toda viagem da consciência através do espaço-tempo tem implicações de ordem espiritual e, mesmo, puramente mística. Pessoalmente, só posso abordá-la num determinado estado de espírito, ou seja, com a alma em paz e o coração bem aberto... o que representa um exercício cotidiano quando se vive em meio a este mundo.

Sem medo de exagerar, hoje poderia dizer que se trata de uma forma de meditação porque, mesmo supondo que a experiência não tenha começado por um estado meditativo, ela o provoca, inevitavelmente, no retorno, não somente pela natureza das reflexões que faz surgir, mas pela indizível impressão que deixa na alma. É a certeza de tocar o eminentemente sagrado que continua a arrebatá-la.

Nada de religioso em tudo isso, nada ligado a uma fé ou a uma crença; é o espírito humano que entra em contato direto com o Infinito. A partir daí, sabe que não precisa mais de intermediários entre o que sente ser de ordem Divina e ele.

Quando não se está familiarizado com a experiência, pode-se perguntar, evidentemente, que relação existe entre o fato de penetrar no interior de imagens claramente vindas do passado e uma tomada de consciência de ordem mística. É justamente este o ponto que escapa ao intelecto, sejam quais forem as análises que este faça do fenômeno.

Alguma coisa muda no coração humano, bem além de todas as tentativas de compreensão do que se passa. As teorias consideradas possíveis podem satisfazer o mental, mas não é ele que se sente envolvido em primeiro lugar pela experiência.

A essência do que é vivenciado vai estimular no ser o que chamo seu "ponto de Amor" e vai expandi-lo a fim de que entre progressivamente em metamorfose. Eis por que a curiosidade entusiasta que evoquei relativamente às minhas primeiras visitas ao passado logo se transformou em sagrado respeito. Hoje estou convencido de que quando se chega à dimensão que é o Tempo, toca-se de leve nessa força de Despertar e de Amor comumente chamada Deus. É nesse sentido, pois, que darei meu testemunho no decorrer das próximas páginas.

Uma memória hiperaguçada

Antes de seguir nesta direção, desejo, porém, voltar a falar de certas características da viagem da consciência ao passado. Na verdade, parece-me importante que um retrato bastante completo seja esboçado.

Ao ler meus relatos sobre minhas experiências pessoais, muitos se questionam sobre a enorme quantidade de detalhes que encontram neles, imaginando às vezes que a verve do escritor multiplicou-os à vontade para embelezar seu trabalho literário. Quanto a isso, enganam-se... Se a qualidade de um texto me parece importante quando se trata de transcrever uma experiência intensa dirigida ao que há de mais sensível na alma humana, a riqueza de uma exploração do Tempo é de tal ordem que não há necessidade de acrescentar-lhe o que quer que seja.

Se me detenho sobre as figuras de um baixo-relevo, sobre os bordados que embelezam um tecido, sobre o odor de mirra nos corredores de um templo, ou se "meu" braço no Tempo sente com violência o choque metálico de uma espada contra a "sua", é porque não posso apagar tudo isso da minha memória. Essas informações ficam inteiramente gravadas nela durante os três ou quatro dias que se seguem à experiência... depois do que, a lembrança atenua-se normalmente.

Essa característica de memorização absoluta, no entanto, não parece ser comum a todas as pessoas que têm acesso à viagem temporal, longe disso.

É inegável, porém, que toda alma humana a quem este presente é concedido acha-se de tal forma impregnada em suas profundezas, que sua abordagem do mundo se modifica.

Em todos os casos, parece-me, pode-se falar de uma impregnação da memória essencial do ser. A partir de então, decididamente, a vida não pode continuar como antes; adquire um outro significado, porque a personalidade encarnada começa a compreender que o eu através do qual ela se exprime não significa mais a mesma coisa. Ela não está mais tão certa de "quem" é...

Nessa fase de questionamento, um tal estado pode ter dois tipos de conseqüências que não se deve ignorar: ou se dá um passo importante no próprio íntimo ao contato com uma imensidão de percepções de ordem espiritual e metafísica, ou se entra radicalmente em ponto de desequilíbrio.

Passado e presente se misturam então e torna-se muito difícil distinguir entre a autenticidade de uma vivência e um delírio pessoal.

Algumas vezes tive a oportunidade de encontrar ou precisar ajudar pessoas que estavam sofrendo por terem tentado, de modo espontâneo, e principalmente sem o menor preparo, entradas da consciência no passado. Longe de fazer florescer-lhes o espírito, essas experiências as desconectavam da sua realidade no momento presente e pareciam levá-las inexoravelmente a uma forma de esquizofrenia.

Uma tradução instantânea

Parece-me agora interessante, para completar todas essas generalidades, lembrar um outro ponto. Trata-se da questão da linguagem.

Na verdade, quando é levada a mergulhar numa época do passado, seja ela qual for, a consciência lhe percebe todos os sons. Ela ouve indivíduos falando e assiste a conversas numa língua que, na imensa maioria dos casos, lhe é completamente estranha. Misteriosamente, no entanto, compreende-lhe o sentido como se um decodificador ou um decifrador estivessem sistematicamente ao seu dispor.

Desde que me familiarizei com as leituras no Tempo, não parei de questionar-me quanto a essa faculdade que se revela em tais circunstâncias. No meu caso pessoal, que é que faz com que de repente eu seja capaz de compreender perfeitamente as línguas do antigo Egito, o aramaico, alguns dialetos da Mesopotâmia, da Gália céltica ou ainda, por exemplo, o provençal do século XIII?

Tudo que posso dizer é que se ouço essas línguas nas suas sonoridades originais, logo as compreendo interiormente com meu vocabulário atual. É como se eu as dominasse de tal forma na sua essência que não há necessidade de uma operação intelectual de tradução. As palavras ouvidas são "as minhas", são naturais para mim e tudo é simples... Só posso constatar, não explicar.

Deixando-se de lado uma imensidão de filtros deformantes, pode-se imaginar que todas as línguas que existiram – ou existem – sejam ligadas entre si a um tronco lingüístico comum feito de sons padronizados que remetem aos mesmos conceitos? Não tenho essa impressão, ou, pelo menos, não posso conceber isso a não ser como uma explicação parcial.

É impossível falar de telepatia no sentido clássico do termo, uma vez que o emissor e o receptor estão separados por alguns séculos, ou mais até.

A menos que... A menos que seja simplesmente aquele que vive a experiência que atue como único decodificador... A menos que *algo* através do qual ele vê, ouve e sente – isto é, essa espécie de "câmera temporal" de que ainda não falei e sobre a qual sua consciência está conectada – emita uma espécie de ondas cerebrais captáveis por meio de uma telepatia adiantada. Claro, são apenas suposições, indicações para reflexão...

Uma frustrante impotência

Para completar esta primeira abordagem da viagem da

alma no Tempo, devo assinalar também, caso isso não pareça evidente, que embora as experiências em pauta sejam extraordinariamente intensas, quem as vivencia não tem a mínima possibilidade de ação sobre os acontecimentos de que é testemunha. Devo dizer que um tal estado de coisas não é de natureza a facilitar a integração de tudo o que é experimentado.

Pessoalmente, sinto-me de tal forma tomando parte das cenas que se apresentam, e a intensidade do que nelas vivo é tão impregnante, que geralmente vejo-me integrado à ação. Sucede-me, então, viver uma espécie de estraçalhamento interior, que às vezes torna esses momentos muito dolorosos.

Na verdade, é bem difícil constatar que se é apenas um espectador impotente da cena dentro da qual se é projetado e da qual, no entanto, recebe-se os impactos no que, sem hesitar, chamo de "carne da alma". É então que a noção de "filme do passado" se justifica plenamente, um filme cujo desenrolar deixa um gosto de frustração eventualmente bem amargo.

Várias vezes sucedeu-me ver-me envolvido no centro de situações dramáticas desenrolando-se durante a Revolução Francesa. Assim, testemunhei "ao vivo", ao nível da minha alma, sentenças de morte difíceis de suportar, compreendendo tudo que se tramava sem poder de modo algum intervir, como se eu estivesse amarrado e amordaçado.

Imagine estar assistindo às maquinações que levarão a um assassinato, que você está vendo esse assassinato ser cometido e que *nada* em você permite que o impeça... Não adianta dizer que é o passado, a imersão dentro dele é tão total que nunca se pode ficar indiferente.

Rever os filmes

Quanto a mim, felizmente, caso tenha necessidade de provar-me que minha consciência se encontra realmente diante de um "documentário" desse passado, descobri rapidamente que me era possível "rebobinar" o filme para assisti-lo várias vezes. Esse não é um dos aspectos menos fascinantes da

Memória do Tempo.

Hoje, todos conhecemos o uso básico de um aparelho de videocassete, ou melhor, de CD. Podemos levar o filme para frente ou para trás à vontade, para ver certas cenas em detalhes, ou para retomá-lo num ponto em que o interrompemos. As teclas PLAY, REW, FF, PAUSE e EJECT do aparelho hoje fazem parte do cenário obrigatório da nossa vida cotidiana. Todo filme gravado nos dá, assim, a sensação de podermos, de certo modo, deslocar-nos linearmente no Tempo. Se lembro isso, é porque precisamos familiarizar-nos com a idéia de que o espírito humano funciona – analogicamente – como um videocassette que é, obviamente, extremamente sofisticado, exigindo a participação de todos os sentidos do espectador.

Quando quero completar, ou retocar um depoimento, inicio em mim um processo que poderia ser comparado ao da pressão de um dedo na tecla REW de um videocassette... A comparação pode parecer prosaica num domínio que eu já disse ser sagrado para mim, mas sem dúvida ela tem o mérito de ser explícita.

Que é que me permite encetar à vontade tais operações de "volta para trás" ou de "buscas à frente" dentro de uma história passada? Eu mesmo o ignoro. Apenas constato que o decodificador que age em mim responde às injunções da minha vontade para permitir que me desloque no fio do Tempo.

Mas, atenção... devo dizer que se só minha vontade intervier, nada se produzirá. Nisso, também, existe uma estranha analogia entre o funcionamento de um sistema informático aperfeiçoado e alguns aspectos da consciência humana. Não basta apertar uma tecla para abrir um programa, é preciso também saber a senha que corresponde a ele...

No caso de viagem temporal, a senha é simples e complexa ao mesmo tempo. Ela é conseguida por um estado do ser que se resume a duas palavras: paz e compaixão. Paz interior de quem vai explorar o Tempo, e compaixão da sua alma diante de tudo o que vai descobrir. Compreende-se, então, porque falo em simplicidade e complexidade. A paz e a compaixão são

Anais do Akasha

facilmente concebíveis intelectualmente, mas bem mais dificilmente encarnáveis...

Não digo que seja impossível penetrar os segredos do espaço temporal independentemente desse nível de consciência, porém, que eu saiba, isso só se produz de maneira muito episódica e involuntária.

Antes de mais nada, quero falar aqui de experiências dirigidas e reproduzíveis voluntariamente, ou quase. Todos compreenderão facilmente que este "quase" que modula minha expressão está aqui para que não nos esqueçamos do caráter humano desse tipo de investigação.

A menos que tenha chegado a um estado de autocontrole que permita terminantemente ultrapassar esse aspecto humano, ninguém é capaz de "programar" infalivelmente em si um real estado de paz e de compaixão no exato momento em que o decide. Isso seria uma utopia, ou uma gabolice. Não se trata aqui de colocar-se em posição de lótus, de fechar os olhos, de praticar três ou quatro respirações e dizer: "Estou meditando"... Trata-se de conseguir entrar num espaço interior onde a soma de *tudo* é *um*, e onde a luz da alma é nosso único alimento...

Para dizer a verdade, estou convencido de que é o domínio da experiência que a torna progressivamente esclarecedora e, portanto, rica em oportunidades para a abertura do coração. Quando penetramos na intimidade de um fenômeno, nós o compreendemos do lado de dentro.

É só nessa fase que se pode entrever uma expansão duradoura da consciência e uma dilatação dos horizontes do olhar interior... que, porém, só se instalarão se forem sustentadas por um puro sentimento de amor.

Três tipos de viagem...

Arrisquemos agora mais alguns passos... De tanto viver e estudar o fenômeno da exploração do Tempo, tornou-se evidente para mim que, nesse nível, existem três tipos de viagem: a que diz respeito à nossa própria memória – nosso ser, portanto – nas suas peregrinações através das Idades, a que penetra o filme do passado de uma terceira pessoa – geralmente um anônimo – e, enfim, a que veicula uma memória global, a da nossa Terra ou, então, do nosso universo.

Cada um desses tipos de viagem é bem específico, seja na maneira como é vivida, seja nas suas implicações. A mais fascinante é, incontestavelmente, a que se refere a nós. É a mais delicada também, porque é a relacionada com os ingredientes que fazem de nós o homem ou a mulher que somos e que condicionam certos parâmetros do nosso equilíbrio. A busca e a assimilação do que ela significa pressupõem, inicialmente, que se dê algum crédito à reencarnação.

Como já disse várias vezes, eu mesmo não estava preparado para levar a sério essa última noção antes de descobrir a natureza e as implicações das experiências que testemunho aqui. Minha cultura, como a da maioria de nós no Ocidente, não me predispunha a isso; ao contrário. Diante da evidência e do caráter eminentemente tangível do que eu vivia tive que admitir que nossa alma voltava de tempos em tempos para se aperfeiçoar através de uma imensidade de situações diferentes. Isso não seria, aliás, sinal de uma lei de eqüidade absoluta?

Assim, então, abandonamos a velha atitude segundo a qual tratava-se de aderir ou não a uma crença... por razões "hereditárias" ou intelectuais, sempre muito discutíveis. Falamos de um comportamento lógico em contato com uma vivência que, mesmo não sendo quantificável, é suficientemente intensa e coerente para convidar-nos a ver de modo diferente a natureza do universo.

Uma alma sobre suas próprias pegadas

Lembro-me de uma experiência que foi particularmente decisiva no que hoje poderia chamar meu "despertar" para realidades fundamentais. Aconteceu no final dos anos setenta, sem preparação da minha parte, inesperadamente, portanto...

Era de manhã, lembro-me, quando minha consciência

resolveu deixar meu corpo. Em poucos segundos o véu do Tempo se abriu...

Eu estava dotado de outro olhar, um olhar que se movia entre tendas cobertas de peles e cabanas de galhos de árvores. Algumas pessoas pouco vestidas circulavam calmamente entre elas. Umas carregavam feixes de lenha, outras carneavam um cabrito montês em cima de uma pedra achatada, enquanto crianças brincavam com uma carapaça de tartaruga, enchendo-a de terra. Inegavelmente, achava-me numa pequena aldeia ameríndia, e os homens e mulheres que eu via representavam *minha* família. Eu o sabia, sentia-o na minha alma, na minha carne. Eu estava com eles, vivia lá, era como eles...

De repente, compreendi que não me resumia a ser dois olhos espectadores de uma cena. Esses olhos pertenciam a um corpo de carne que caminhava no chão. Percebia-lhe as asperezas sob a planta dos pés. E o braço que balançava no meu lado direito... tinha uma pulseira de couro e dentes de animais.

Cruzei então com uma mulher bem morena e de olhos claros... Sabia que era a minha, minha esposa, e ouvi-me dizendo-lhe que ia à floresta procurar uma bela tora de madeira. Precisava esculpir uma coisa com a minha faca, a cara de um estranho animal que vira em sonhos. A mulher me sorriu e senti todo seu amor. Os sonhos eram importantes para nós...

Contornei então o cerrado ao redor da floresta; andei sobre troncos de árvores mortas e percebi também o tom acobreado da minha pele. A barriga das minhas pernas estava envolta em tiras de couro e, até o meio das coxas, eu usava uma espécie de tanga coberta de desenhos escarlates. Eu sabia que, andando um pouco na direção do rio, encontraria a tora de madeira de que precisava. Tinha passado ao lado dela cem vezes quando ia arpoar peixes perto da cachoeira. Um belo tronco de madeira cinzenta, com nós que pareciam olhos de ancestrais questionando-me...

Bruscamente, vi surgir diante de mim uma silhueta. Era de um desses homens brancos, carregando um daqueles bastões que cuspiam fogo. Às vezes nós os avistávamos. Ele me gritou alguma coisa e imediatamente compreendi que não gostava de mim. Nesse exato momento, senti um violento choque na nuca, um véu branco desceu diante dos meus olhos e não ouvi mais nada. Era a ausência total... Até meu pensamento parecia-me suspenso.

Achei que minha vida, ou minha visão do passado, iria terminar aí, que tudo estava acabado, mas não... o livro do Tempo se abriu de novo.

Eu continuava sendo ele, o índio da floresta, e estava entre os brancos; eles tinham me levado consigo, eu estava num dos seus imensos barcos, vogando para não sei onde. Desencadeara-se uma tempestade, e, enquanto homens corriam em todos os sentidos na ponte que rangia por todo lado, amarraram-me com cordas no mastro da proa. Sabia que queriam que eu observasse, que escrutasse o mar o mais longe que pudesse entre a espuma das vagas... Devia gritar se avistasse recifes. Era horrível... Eu estava apavorado, doente, açoitado por todas as vagas do oceano. Minha alma e meu corpo estavam enfermos. Teria desmaiado? Não sei...

De novo pensei que o filme do passado iria interromper-se aí, naquela abominável situação, sem nada compreender. A luz do dia, porém, veio mais uma vez abrir-me as pálpebras da alma...

Estava novamente habitando meu corpo ameríndio, e o que eu descobria era terrível... Estava lá, de volta à minha antiga aldeia. Do que eu tinha conhecido, nada mais existia. Nada! Aqui e ali, pobres destroços de cabanas jaziam no chão entre as ervas secas, como irônicas lembranças de uma felicidade desaparecida para sempre. Lembro-me de ter percorrido os restos da minha antiga aldeia quase me arrastando no chão e chorando todas as lágrimas do meu ser. Continuava sem entender a razão de tanta injustiça e selvageria.

Foi a dor do meu coração sangrando, tenho certeza, que interrompeu o filme e, bruscamente, me levou de volta ao meu corpo do século XX. Guardo na memória, de modo especial, as poucas horas que se seguiram a essa "viagem". Foram difí-

Anais do Akasha

35

ceis... Uma luta silenciosa e muito concreta contra a vertigem e as náuseas.

Eu *sabia* que acabava de erguer o véu sobre uma parte da história da minha alma. *Sabia* também que, ao deixar minha consciência sair da sua veste de carne, eu tinha descido para dentro de mim, até meus mais profundos recônditos, e que nenhuma teoria psicológica ou psiquiátrica poderia contestar a verdade do que eu tinha acabado de viver...

Se fiz questão de evocar aqui essa página íntima do percurso da minha alma, é porque ela me pareceu particularmente significativa quanto à intensidade que caracteriza uma leitura do passado que só a nós pertence.

Num caso assim, não é a globalidade das percepções sensitivas que estabelece a diferença com uma "visão" não pessoal, porque, como já disse, os sentidos sempre estão hiperpresentes. É seu aspecto emocional, e principalmente afetivo, o que predomina. A alma acha-se incrivelmente envolvida porque vive; está para sempre impregnada pelo fogo que dela se despende e que a seguirá, para colori-la ao seu modo. Ela sabe que é atriz de um filme que lhe pertence integralmente, mas do qual, infelizmente, só pode sentir a intensidade.

Nada tem a ver, como se pode imaginar, com a experiência do Agnus Dei anteriormente descrita, embora esta tenha sido uma experiência realmente tocante e esclarecedora.

Assim, portanto, quando se tem acesso a esse tipo de experiência, não se pode, de modo algum, confundir o que se refere a nós com o que nos é alheio.

No caso do mergulho no passado pertencente a uma terceira pessoa, o lado emocional de certas situações descobertas certamente não faz de nós espectadores frios, mas nossa sensibilidade afetiva não fica tão abalada como quando se trata de uma memória do tipo pessoal. Longe disso...[2]

Alguns anos depois, por acaso fiquei sabendo que, nos primeiros tempos da colonização do continente norte-americano pela Europa, não era raro tirarem alguns "selvagens" da

2 Ver *Récits d'un voyageur de l'Astral*, ed. Le Perséa, cap. VIII.

sua aldeia, levando-os à força para seus navios, onde a mão-de-obra era escassa. Os ameríndios eram particularmente preferidos por sua acuidade visual e por seu senso de equilíbrio...

Quando tomei conhecimento desse fato histórico, foi como se tivesse recebido um presente, uma prova definitiva – como se isso fosse necessário – de que minha volta através do Tempo não era um delírio, mas correspondia perfeitamente a um dos segredos da minha memória pessoal.

A cinemateca do nosso mundo

Chegamos agora ao terceiro tipo de leitura do passado, ao que diz respeito à história do nosso planeta, até mesmo do nosso universo. Incontestavelmente, foi nos primeiros anos das minhas experiências que tive oportunidade de viver esse fenômeno com mais freqüência. Por quê? Simplesmente porque a vivência que disso resulta não provoca sensações de natureza emocional. Portanto, é fácil de assimilar; geralmente ela não deixa na alma mais impressões do que um bom filme de reconstituição histórica, ou mesmo, em certos casos, de ficção científica, considerando-se o lado desconcertante do que se revela.

Nesse tipo de "experiência", é o nosso mental que é tocado, não o nosso coração. É tocado porque entra numa percepção radicalmente diferente da História da nossa Humanidade, da nossa Terra e, por extensão, do nosso Universo. São páginas inteiras das nossas peregrinações como espécie encarnada neste planeta, mas também como almas através do nosso cosmos, que se reescrevem em nosso intelecto.

Todos os esquemas clássicos da Evolução são então impiedosamente ignorados e sente-se vontade de rir ante a pretensão de uma certa ciência incapaz de viajar além do perímetro tangível da Terra.

Intelectualmente falando, o acesso a essa "cinemateca" de dimensões cósmicas sem dúvida transformou-me. Na verdade, o que pode ser mais esclarecedor do que ver recuarem incessantemente as fronteiras do que se pensava definitivamente estabelecido em matéria de Biologia, de História, de espaço e de tempo? Nosso planeta não passa de um pontinho, onde algumas formas de vida floresceram, em meio a inúmeros outros no universo. Nossa espécie viaja de um planeta a outro, tomando diversas aparências em função das mutações da sua consciência... e ela não representa o auge da inteligência através do cosmos, mas apenas um estágio, uma manifestação da Vida a caminho de uma extraordinária ascensão.

Que memória, que filme do passado captamos quando damos tais saltos no Tempo? Foi, claro, uma questão que me preocupou durante muito tempo. Qual era o "olho" pelo qual eu via? A quem pertencia ele? Certamente, não a um ser humano... A um ser divino? – perguntei-me. Essa hipótese, porém, mostrou não ser importante porque, quanto mais avançava na minha familiaridade com a Memória do Tempo, mais evidente me parecia que tudo, absolutamente tudo, estava impregnado de uma Presença de essência divina...

Cheguei a ter que admitir, depois a compreender, que o nosso planeta e o nosso universo são dotados de uma memória que lhes é própria, de modo análogo à memória de todo ser humano, por exemplo.

Significaria isso que a nossa Terra e o cosmos no qual flutua são providos de uma inteligência e de um raciocínio autônomos, como seres conscientes, ou que a memória que os caracteriza é apenas a conseqüência de uma mecânica "natural"? Veremos isso pouco a pouco, no correr destas páginas.

Em todo caso, quando se tem a capacidade de conectar-se a esse tipo de memória gigantesca que não está armazenada em nenhuma consciência humana, não se consegue mais, repito-o, encarar nossa existência cotidiana da mesma forma. Entra-se num espaço interior de neutralidade com relação a uma série de acontecimentos considerados sérios ou importantes, que de repente se tornam fúteis e vãos.

Não se trata de indiferença, porque a experiência envolve surpresa e assombro. É mais uma questão de distanciamento

38   Daniel Meurois-Givaudan

ante o aspecto ilusório e passageiro do que constitui nosso mundo presente, que *não pode mais ser* nosso ponto de referência imutável.

Pura e simplesmente tem-se a convicção de consultar um jornal visual imparcial através de um olhar não humano e isento de qualquer noção de crítica. Os fatos descobertos através das mutações da Terra e de outros pontos do nosso universo são mostrados exatamente como são, deixando ao nosso intelecto total liberdade na sua tentativa de interpretá-los e depois organizá-los.

Viver saltando no Tempo

Todos, sem dúvida, devem ter compreendido que a leitura dos acontecimentos do passado pode ser tudo, menos anódina. Seja num ou noutro dos três níveis em que a experiência se situe, ela sempre terá conseqüências. As implicações sobre os estados de consciência que ela suscita, assim como no tocante à vida cotidiana, são realmente numerosas.

O maior problema que surge é, incontestavelmente, um problema de equilíbrio. Como mantê-lo, quando a percepção do que somos acha-se totalmente bagunçada e nossa compreensão do espaço-tempo é capaz de produzir em nós uma fantástica vertigem?

A marginalização é praticamente inevitável. A partir do momento em que os conceitos da metafísica não representam mais instrumentos através dos quais o mental constrói sua própria visão do mundo, eles se transformam, simultaneamente, na matéria-prima e no cimento da nossa vida. Não pertencem mais ao domínio da hipótese e do abstrato, mas são os elementos constituintes do nosso ser profundo, elementos pelos quais entramos numa outra relação com a vida.

O que, na sociedade, é considerado o real, não é mais e jamais será o nosso real.

A única maneira de sair disso é, certamente, aceitar as regras do jogo deste mundo e do tempo presente com toda a convicção e a veracidade de um ator que assume seu papel sem se deixar enganar por ele.

Ao fazer este depoimento, e divulgando as mil informações e reflexões que o acompanham inevitavelmente, tenho perfeita consciência de estar abrindo, diante de algumas pessoas, o que poderia ser uma espécie de caixa de surpresas.

De fato, quando se partem muros como o do espaço-tempo, tem-se a sensação de ser, de repente, capaz de uma tal tomada de atitude, que muitas das dificuldades ligadas aos problemas da vida cotidiana irão explodir também. É fácil então deixar-se invadir por um sentimento de poder, disfarçando-se com atributos de uma forma de sabedoria. Em resumo, é tentador levar-se a sério e imaginar-se muito avançado no caminho de uma certa Iniciação.

Mesmo não sendo necessariamente fácil de identificar, a cilada é, porém, enorme. Faço questão de deixar isso claro, aqui, pensando naqueles que viverão de quando em quando tais experiências espontâneas e, principalmente, naqueles que se propuserem a provocá-las, depois controlá-las.

Quando se confunde um instrumento com um fim, o perigo é grande. A perfeição e a raridade de um utensílio de trabalho não fazem dele, sistematicamente, um presente da vida. Antes de mais nada, fazem dele um teste. Ou a personalidade encarnada infla e se perde nos seus meandros, ou assimila o sentido profundo do que lhe é proposto e entra num processo de auto-superação.

Com todas essas considerações, minha intenção não é, certamente, incitar quem quer que seja a empenhar-se em "saltar no Tempo", tendo como pretexto oficial o crescimento interior. O lado atraente da experiência tem sua contrapartida...

Os gregos antigos afirmavam que, antes de encarnar, toda alma bebia a água do Lete, um rio do mundo invisível, cuja propriedade era provocar o esquecimento... isso a fim de facilitar a adoção de um novo corpo e construir depois uma nova vida.

Essa lenda, de caráter simbólico, é muito significativa. Ela nos indica que se vimos ao mundo aparentemente virgens de tudo, ou, pelo menos, amnésicos, é em conseqüência de uma lei natural – ou divina – de proteção. Se o utensílio que a memória representa é indispensável para o desenvolvimento de toda vida consciente, ele tem dois gumes. Ser dotado de uma memória "demasiado vasta", ou de uma capacidade que permita abrir uma passagem através dos véus do Tempo, pode representar um considerável obstáculo ao que chamarei de paz da alma e paz do coração. As histórias – nossas histórias – passadas, estando continuamente presentes em nosso espírito, só podem tornar cada vez mais complexa a história da nossa vida diária.

Equilíbrio e lembrança

Reflitamos... Quantos de nós não admitem ter algumas dificuldades para "administrar" sua simples existência cotidiana com os poucos decênios de lembranças que a constituem? Dificuldades de toda a ordem, as relações familiares às vezes pesadas, bem como os amores que se sucedem, não raro a tornam tão complexa que os instantes de verdadeira quietude são raros...

Será que se pode imaginar o que poderia ser dessa vida se imagens e lembranças claras, surgindo de um, ou de vários passados, viessem juntar-se a tudo isso? As dores e as alegrias sepultadas, o ranço de inimizades reprimidas e o perfume de antigos amores anestesiados nos envolveriam numa tempestade assustadora e infindável. A menos, evidentemente, que fôssemos dotados de um equilíbrio que nos permitisse manter a direção da nossa vida presente, contornando, se não a totalidade dos escolhos que surgissem, pelo menos a maioria deles.

Visitar as dobras do Tempo não é, pois, tão divertido quanto facilmente se imagina. Mesmo quando sua leitura não nos diz respeito individualmente, as surpresas podem ser muitas, e nem sempre fáceis de assimilar.

Como encararíamos um amigo muito querido, por exemplo, se nossa experiência íntima nos desse a certeza de que ele foi um monge inquisidor, ou um criminoso nazista? Sempre se pode dizer, é claro, que o passado, como o próprio nome diz, é passado... Isso não impede que seu jeito de encarar o amigo deixe de ser o mesmo. Não lhe restaria outra coisa a não ser crescer em sabedoria, ou deixar-se levar progressivamente pela dualidade e pelo julgamento.

Seja como for, há aí uma enorme armadilha estendida diante de quem se atrever temerariamente nessa direção, que consiste em pensar que o véu do Tempo pode ser transposto de qualquer jeito, sob pretexto de que "chegou a hora".

Se insisto tanto neste ponto, é por opor-me a um certo modismo que está criando uma multidão de "leitores dos Anais do Akasha", prontos a servir a quem lhes pede seu "pedigree" no correr dos Tempos... contra pagamento à vista, e polpudo, evidentemente!

Quando se trata de abordar nossa memória pessoal, a de outra pessoa, a do nosso planeta, ou mesmo a do nosso universo, entramos, volto a repetir, num domínio eminentemente sagrado, onde cada passo dado pode ter sérias conseqüências.

Em contrapartida, também é preciso ter consciência de que se uma porta temporal se abre automaticamente, ou no movimento de um convite explícito da vida, é porque talvez aí se encontre matéria para amadurecer e, portanto, para meditar...

Capítulo 2
Anatomia dos anais do Akasha

A pergunta que surge agora é incontornável: Se o passado é notoriamente acessível em circunstâncias bem específicas, *que é que o registra, como e... onde, isto é, em que base?* É precisamente aí que as coisas ficam interessantes, porque nos obrigam a debruçar-nos sobre algumas características do que chamarei de anatomia sutil do nosso universo.

Para isso, não se precisa ter o conhecimento de um astrofísico; basta um pouco de ousadia para servir de elo de ligação entre um número incalculável de observações e de comprovações.

A natureza do filme

A partir do momento em que se fala de um filme, pensa-se obrigatoriamente num aparelho capaz de registrar imagens e fixá-las. Surge, então, a idéia de uma câmera. Hoje, é claro, o que logo nos vem à cabeça é uma filmadora. O fascinante no princípio da vídeo filmadora não é tanto sua sensibilidade e a facilidade de uso que ela propõe, mas a natureza da base que utiliza para armazenar simultaneamente uma infinidade de informações. Atualmente, nem mesmo se fala de "filme" como tal; empregam-se apenas termos como cartão de memória, digitalização e computação. Decididamente, entramos numa era em que o conceito de virtualidade faz parte do que é lógico.

Se isso é facilmente concebível e coerente, por que, a partir de agora, não considerar a hipótese de que possa existir um elemento na estrutura do nosso universo que atue permanentemente como um filme magnetoscópico ou, mais exatamente, como um colossal "cartão de memória"?

Acho que o que ainda ontem parecia delirante pode, hoje, fazer parte do seriamente concebível... e mesmo da evidência.

Aí onde nosso Ocidente avança a passos muito cautelosos, os místicos da Índia antiga já andavam alegremente, há milhares e milhares de anos... Numa época em que, segundo os historiadores, nosso continente mal emergia das brumas de uma certa barbárie, alguns iogues himalaios e sábios hindus falavam com uma profundidade assombrosa sobre a natureza do nosso universo, sobre seus constituintes sutis, bem como sobre a estrutura da matéria. De seus conhecimentos, deixaram indícios escritos que, embora sendo pouco acessíveis ao comum dos mortais, constituem um patrimônio inestimável para nossa Humanidade.

Baseada numa experiência direta, sua Tradição nos ensina que nosso universo não é simplesmente constituído pelos quatro elementos clássicos que são a Terra, a Água, o Fogo e o Ar. Ela aponta um quinto elemento, chamado Akasha.[1]

Trata-se de um termo de origem sânscrita, que designa a Luz imanente que impregna os mundos. Alguns o traduzem de um modo muito sumário por Éter. Aliás, em hindu – uma das principais línguas usadas na Índia – a palavra Akash significa o Céu enquanto espaço luminoso.

Nossa cultura nos leva a considerar que os testemunhos e considerações metafísicas dos místicos são essencialmente divagações e que, sendo assim, basta rejeitá-los com indiferença. Seria hora de pôr um fim a essa atitude pretensiosa que de repente condena ao ostracismo tudo o que não é quantificável pelos métodos classicamente admitidos.

---

1 Na Tradição hinduísta, a Terra (*Prithvi*), a Água (*Ap*), o Fogo (*Agni*) e o Ar (*Vayu*) associam-se ao Akasha para criar um todo chamado *Panchamahabhuta*.

O Akasha e sua trama

Quanto a mim, está claro que a existência desse quinto elemento chamado Akasha não deixa dúvidas. Só ele permite a explicação coerente de uma imensidade de fenômenos, a respeito dos quais é fácil dizer que são apenas fruto de um delírio. Depois de mais de um século de viagens em seu seio, não posso falar dele a não ser como de uma *matéria inteligente*, constituindo globalmente uma espécie de *placa sensível* do universo. Por essas palavras, refiro-me a uma substância de tal modo sutil e onipresente que tudo o que acontece em "algum lugar", em qualquer ponto do que existe, nela se impregna automaticamente. A expressão placa sensível certamente é uma metáfora um tanto pálida nesta circunstância... Entretanto, mantenho-a, pois tem o mérito de ser eloqüente, por ser simples.

Na realidade, quando verdadeiramente se toma consciência da amplitude da Memória do Akasha, só se pode pensar no colossal disco rígido de um computador tão aperfeiçoado que se torna inconcebível para o espírito humano. Mesmo não podendo apalpar-lhe o conteúdo como se faz com um livro recém-impresso, por exemplo, ela não deixa de ser uma realidade acessível em determinadas condições. Se lhe negássemos a existência, pura e simplesmente porque ela não entra em nosso campo de experimentação, estaríamos agindo como um analfabeto que se recusasse a considerar a existência do conceito de livro pelo simples fato de não conhecer os instrumentos da leitura. Seria um absurdo.

Quando, instados pela Vida, chegamos a descobrir essa espécie de senha interior que autoriza a penetração do universo do Akasha, nos damos conta do aspecto concreto que se oculta por trás da sua aparente virtualidade. Trata-se de um elemento observável, como a água ou o ar, por exemplo. Quero dizer que pode ser decomposto, que se pode perceber nele camadas e elementos que fazem dele um verdadeiro tecido inteligente e *supra vivente*, atuando atrás do véu da matéria densa.

Pessoalmente, distingo esse tecido no breve lapso de tempo que separa o desligamento da minha consciência do meu corpo de carne e a percepção das primeiras imagens surgindo de um passado qualquer. A duração desse lapso de tempo depende da rapidez com que a alma se sintoniza com a freqüência vibratória de um filme do passado.

Foi à força de me deixar absorver pelo tecido do Akasha que acabei por perceber-lhe a trama. Devo dizer que o que, no começo, me parecia resumir-se a algumas centelhas douradas, pouco a pouco mostrou ser muito mais complexo. Para chegar a essa percepção, aproveitei minha entrada em alguns estados de paz mais profundos do que outros para fazer o que se poderia chamar "pausas na imagem".

Eis o que anotei sobre esses momentos de observação comparáveis a estados de graça...

O espaço no centro do qual me desloco dá-me a impressão de estar prestes a voar num desses universos do infinitamente pequeno que os microscópios eletrônicos nos revelam. Ao meu redor, percebo fios nacarados entrecruzando-se. São meio parecidos com os de uma teia de aranha que tivesse sido tecida de forma aparentemente anárquica.

Na realidade, se minha consciência se demora sobre eles, dou-me conta de que traçam motivos geométricos bastante complexos, não planos, mas tridimensionais. Há alguns que não conseguiria identificar, ao passo que outros me fazem pensar em rosáceas muito elaboradas, como as que se vê em algumas catedrais góticas. Tudo isso desenha uma rede de filamentos extremamente diversificada e estou persuadido de que é regida pela lei dos números ou por alguma geometria de que não tenho a menor idéia.

Cada vez que dois filamentos se cruzam, uma pequena centelha dourada brilha e persiste durante o tempo do encontro, freqüentemente muito breve. Isso significa que a rede de fios, ou filamentos, no centro da qual me movimento não é fixa, mas que os motivos que a caracterizam se modificam constantemente. Em função de quê? Ignoro-o. No entanto, sua mobilidade, e a precisão e a arte com que se dispõem deixam entrever que são a manifestação de uma forma de vida incrivelmente inteligente e harmoniosa.

Se, por milagre de algum instante mágico, consigo aproximar-me, em consciência, de uma dessas centelhas douradas que nascem para desaparecer quase em seguida, percebo claramente que ela é formada como uma célula viva com sua membrana plásmica, seu núcleo e seu citoplasma. No meio desse citoplasma "flutuam" sinais. Estes me fazem pensar em letras de um alfabeto desconhecido...

De todas essas observações, a sensação que predomina em mim, ou melhor, a certeza que se firma na minha consciência, é a de estar vivendo num oceano de Energia pura que só pode ser de Essência divina. Atrevo-me até a dizer que estou andando entre os neurônios do corpo sutil dessa presença incomensurável que se chama Deus. Além disso, parece-me que se conseguisse decifrar esse "alfabeto citoplásmico" que distingo no centro de cada célula-centelha, surgiriam imagens, exatamente como se tivessem sido ordenadas por uma Supraconsciência universal. Estarei no próprio âmago do que constitui a Memória do Akasha?

É muito difícil, evidentemente, ser tão decisivo, pois parece-me que a atual inteligência humana, no seu estado encarnado, só pode ficar no portal de um certo Conhecimento, aflorá-lo e, tomada de surpresa, perder-se em hipóteses.

Se simplesmente fico contemplando a esmo o espaço que acabo de descrever, sem deter-me na sua rede de filamentos e nas miríades de centelhas que aí surgem, sinto-me então num lugar onde se funde uma espécie de matéria que me parece uma combinação de luz e sombra. É difícil falar disso de outra forma. Na verdade, não se trata de uma penumbra, porque o sol a pino e a noite negra dão-me a impressão de estarem aí simultaneamente presentes, sem opor-se.

Será Energia em estado puro? Será essa espécie de Luz que existe – ou melhor, que está – acima da nossa percepção dualista da luz e da sombra? Seria tentado a dizer que sim... porque seu contato íntimo inspira uma quietude da alma que, para mim, não tem equivalente em nosso estado encarnado.

Além disso, quando me deixo levar por ela sem tentar

Anais do Akasha

analisá-la, ouço bem claramente um assobio agudo e levemente modulado. Então, parece-me não que ela cante, mas que seja ela mesmo um canto, uma melodia tão sutil para a "rusticidade" do meu ser, que sou incapaz de captar-lhe todas as modulações. Adivinho-as... e certamente absorvo-lhe os benefícios além do que minha consciência pode imaginar. Ela nada tem a ver com o que algumas pessoas chamam de canto do Prâna, que é facilmente perceptível quando se entra em estado de meditação.

Mesmo que isso possa parecer pretensioso, é a idéia do Verbo que me vem à cabeça espontaneamente, ou, pelo menos, a de uma harmonia primordial que dele deriva em linha reta.

Evidentemente, precisei de muito tempo para reunir e pôr em ordem todos os pontos dessa observação porque, como já o disse, o lapso de tempo que dura a viagem da alma antes que as portas da Memória do Akasha se abram é extremamente breve.

Quando me sucede "estacionar" um pouco nesse estado transitório entre o modo de funcionamento encarnado e o da leitura dos Anais do Tempo, percebo a que ponto esse elemento no centro do qual me movimento é diferente dos outros quatro. Essa diferença não se mede por sua aparente intangibilidade, mas porque ele está presente em todos os quatro.

O Akasha impregna tudo. Ele completa os quatro elementos e os nutre, devido à sua proximidade com o Divino. Será que se deve vê-lo como a Quintessência – ou seja, a quinta essência – de tudo? Que cada um amadureça sua própria reflexão...

O Espírito, a Alma e o Corpo de Deus

As Tradições orientais afirmam que o Akasha é uma emanação direta do Espírito de Deus. Elas dizem também que o Prâna – a energia que impregna nosso cosmos – é a manifestação da Alma de Deus.

Partindo do princípio de que essas duas informações eram

coerentes, durante muitos anos refleti sobre o modo como era possível ordená-las. Ficava andando entre o emaranhado de suposições, até que me foi dada uma resposta durante uma viagem, em meio a uma entrega total. Foi assim...

Assim que me deixei guiar por um fio luminoso, senti uma Presença emergir atrás de mim. Era, evidentemente, uma percepção subjetiva, porque, quando se é apenas uma consciência em trânsito entre os mundos, não existe, verdadeiramente, atrás ou à frente.

Dessa Presença logo saiu uma voz muito doce. Sem outra explicação, a voz insinuou em mim esta informação: *Quando o Espírito divino esposa a Alma divina, a Matéria nascerá. Assim é gerada a Criação...*

A mensagem limitou-se a essas poucas palavras, mas era suficientemente explícita para que lhe compreendesse o sentido. Respondia à minha velha interrogação, indicando-me de modo meio velado que a matéria densa que constitui nosso mundo provém do encontro entre o Akasha e o Prâna. A união deles criaria, portanto, o fenômeno da densidade.[2]

Se atribuirmos algum valor a essa informação, uma conclusão logo se impõe. Isso significaria que o universo concreto, que é o nosso, se identificaria, conseqüentemente, com o corpo material da Divindade. Seria uma manifestação lógica, constante e tangível... daí o respeito que devemos ter para com tudo que existe, a começar pela Natureza.

Transferindo essa afirmação para o corpo humano, é fácil compreender porque todas as grandes Tradições espirituais falam dele como sendo o Templo de Deus. Esse corpo passa a ser uma das manifestações tangíveis da Presença Suprema, e tudo que o envolve na sua densidade é, portanto, sagrado, assim como ele.

Quanto a mim, sempre considerei que o princípio da sacralidade da Matéria deveria ser uma das pedras angulares de toda verdadeira busca espiritual. Isto, claro, contrariando certas teorias religiosas que não citarei e que há milênios vêm

2 Ver o anexo ao final do livro.

alimentando a dualidade. Suas posições partem do postulado de que tudo o que é matéria é vil, contrário ao Espírito, representando, portanto, um obstáculo à elevação do ser... Daí as autoflagelações, as mortificações e as privações de todo tipo a que, há séculos e séculos, muitos homens e mulheres acham que devem submeter-se.

Com isso, conseguiu-se transformar uma das pedras angulares da compreensão do Divino numa pedra em que essa compreensão tropeça, que lhe é radicalmente oposta. Isso nos leva mais longe, porque, em várias Tradições maniqueístas, não hesitaram em afirmar que o próprio corpo humano era uma produção do Demônio na sua tentativa de capturar as almas. Admitamos que é difícil fazer mais do que isso para frear a unificação do Ser e a pacificação da Consciência!

Tudo, no universo, se desenvolve segundo o princípio da analogia. Podemos imaginar por um instante que uma árvore possa crescer e lançar seus ramos para o céu se ferirmos suas raízes ou as cortarmos, alegando que estão mergulhando na densidade e na obscuridade da terra? Faríamos a árvore secar...

É exatamente o que acontece conosco cada vez que negamos a Presença divina no coração da Matéria. Alimentamos um dramático contra-senso...

Prolonguemos um pouco mais o desdobramento desta reflexão, que alguns, erradamente, considerarão divagações.

A partir do momento em que se aceita o princípio segundo o qual grande parte da Matéria deriva do Akasha, é fácil admitir que tudo que existe em nosso universo seja uma memória. Não digo *tenha* uma memória, mas *seja* uma memória, pois memorização é a característica primordial do que a impregna.

Lembramo-nos da polêmica suscitada há alguns anos por pesquisas biológicas que visavam a provar que a água era dotada de uma memória e que, portanto, uma infinidade de informações viajavam através dela.[3] Muitos denunciaram a heresia...

3 Trata-se dos trabalhos de Jacques Beneviste, rapidamente "excomungado" por seus colegas. Deixou este mundo em 2004 sem ter recebido qualquer ajuda para continuar suas pesquisas (*www.digibio.com*).

simplesmente porque não partia do âmbito comumente aceito pela comunidade científica academicamente correta.

Não sou qualificado para aventurar-me nesse domínio, mas o pesquisador que sou à minha maneira, com sua experimentação herética, está convencido de que essas informações relativas à memória da água são capazes de abrir uma nova era na compreensão do princípio da Vida. Parece-me certo também, aliás, que os decênios futuros porão em evidência uma capacidade de memorização dentro de tudo que constitui a Matéria.

Diria que, ao afirmar isso, não estou me arriscando muito. Não se pode frear constantemente a evolução do pensamento, nem a abertura de novos horizontes na consciência. Basta que os que se empenham a tudo bloquear se extingam e caiam no mais completo esquecimento.

Um passo rumo à psicometria

Em todo caso, há, sem dúvida, nessa tomada de consciência da realidade de uma memória ativa no âmago de tudo que existe, a base de uma explicação coerente da psicometria.[4]

Se o Akasha é mesmo a semente primordial da Matéria como expressão do Espírito divino que memoriza ou "numeriza" tudo, torna-se simples considerar-lhe a possibilidade.

Algumas vezes, entreguei-me pessoalmente a experiências de psicometria com objetos bem variados. Embora não sendo explicitamente dotado nesse domínio, devo dizer que, ao fim de um minuto ou dois, os objetos que estavam na minha mão suscitaram o surgimento de imagens totalmente inesperadas atrás das minhas pálpebras fechadas.

Toda vez que se produziu, esse fenômeno me fez pensar, embora brevemente, em "visões" de natureza akáshica. Entretanto, se a nitidez das imagens era espantosa, o filme sempre foi mudo, e só um ou outro dos ambientes em torno do objeto

---

4 Psicometria é a faculdade que permite a certas pessoas terem acesso à história de objetos, estando simplesmente em contato com eles.

me eram transmitidos.

Será devido ao fato de um objeto ser, por definição, inanimado e algumas moléculas que o constituem serem, conseqüentemente, dotadas de uma capacidade de memorização primária? É possível...

O continente a ser explorado é vasto, tanto mais quando exige que deixemos de lado um bom número de postulados que nos são classicamente inculcados.

A natureza da câmera...

Após esses poucos passos no terreno da base de memorização que o Akasha representa, voltemos agora nosso olhar interior para a natureza do *que* registra esse elemento no "disco rígido".

Logicamente, é necessário que *alguma coisa* faça o papel de uma câmera. Na maioria dos casos de leitura dos Anais temporais,[5] na verdade percebe-se claramente a presença de uma identidade ou de uma individualidade por trás da objetiva que captou as imagens.

A confiar na minha própria experiência, essa objetiva só pode ser um olhar humano fixado sobre acontecimentos, num lugar preciso e em determinada época. O olho que registra – auxiliado pelos sentidos que o completam – se move, revela que pertence a um corpo humano que está agindo, sentindo e pensando. É voluntariamente que não emprego o verbo pertencer no passado, porque, enquanto dura o fenômeno, tenho a convicção de ter imergido no centro de um passado que prevalece. A intensidade do que é descoberto pela objetiva da "câmera" é tal, que jamais digo a mim mesmo: "Estou analisando um filme do passado". Tenho a plena sensação de estar vivendo no instante, ou seja, ao vivo, as imagens registradas pelo olho da câmera... mesmo se, em segundo plano, conserve sempre a conexão com o que atualmente sou.[6] Será que são os olhos

5 Reportar-se à exceção mencionada no item *A cinemateca do nosso mundo*.
6 Quando deixo o Simão que fui há dois mil anos testemunhar (ver *O Caminho dos Essênios*, desta editora), participo plenamente do seu presente, mantendo,

físicos do *cameraman* cuja identidade assumo momentaneamente que registram as cenas descobertas? Evidentemente, não. Eles são apenas a lente da objetiva, a peça mais externa – embora indispensável – do dispositivo de memorização. *A consciência que dirige esses olhos e o corpo de que são oriundas é que desempenham o papel determinante do mecanismo da câmera, pelo qual a memorização se torna objetiva.*

A produção do filme

Creio poder dizer, hoje, que ao assumir uma identidade ao nascer num corpo de carne, toda consciência abre um "dossiê-memória" no qual irá gravar-se, de forma indelével, a totalidade do que será sua experiência vivida e que esse dossiê torna a fechar-se no momento da sua morte, ou melhor, da sua mudança de plano existencial.

É a um desses dossiês que o viajante dos Arquivos do Akasha vai conectar-se cada vez que mergulhar no Tempo. Ele tem acesso, portanto, ao banco de dados de um determinado indivíduo, com o olhar estrito com que este tenha observado os acontecimentos da sua vida, e nada mais.

Esse banco de dados não é objetivo, no sentido absoluto do termo. Com isso, quero dizer que o filme a que ele dá origem representa apenas a experiência, o ponto de vista de uma individualidade encarnada em dado momento. *A subjetividade de um filme é, conseqüentemente, função do posicionamento da sua câmera registradora.*

É preciso compreender que se o diretor tivesse disposto a câmera de modo diferente, por exemplo voltada para outro ângulo da ação em curso, o filme que daí resultasse mostraria um aspecto diferente do que parece ser a verdade.

Naturalmente, a questão que agora se impõe é a seguinte: *Quem* é esse diretor? Respondo muito simplesmente: a consciência superior que se acha por trás de cada ser, de cada olhar.

porém, a consciência de quem sou hoje. Experiência singular e sempre difícil...

Anais do Akasha

Por consciência superior, entendo aqui os níveis últimos da alma, os níveis que estão em estreita ligação com o espírito, que jogam com as cartas de que cada um dispõe durante uma vida, cartas que têm um nome: carma.

O que há de particular nessa reflexão é que ela nos permite compreender que o aparelho de memorização de que se trata aqui forma um todo com o roteirista do filme, com o autor dos diálogos, com o realizador e com o *cameraman*-ator principal... os quais, obrigatoriamente, se ajustam aos "créditos ou déficits cármicos" fornecidos por esse produtor que é, definitivamente, a consciência superior.

Levando um pouco mais longe a reflexão, deve-se então aceitar a idéia de que existem tantos dossiês de vida memorizados quantas formas de vida há, dotadas, quando mais não seja, de um embrião de consciência.

Transpondo isso para o ser humano, deve-se deduzir que há tantos dossiês de vida de natureza akáshica quantos são os homens e mulheres que vêm se encarnando desde a origem dos Tempos.

A cada vida corresponde um registro específico no Akasha.

Insisto neste ponto para que se compreenda bem que não existe *um* filme global dos acontecimentos passados, mas uma infinidade de filmes rodados simultaneamente através das Eras. Cada um desses filmes completa os outros e propõe uma ótica particular do que aconteceu num momento preciso, num deteerminado mundo ou espaço.

Quando se fala da Memória do Akasha, é preciso, então, não perder de vista que se evoca de modo esquemático uma realidade infinitamente complexa. Fala-se de uma Memória colossal, de um disco rígido inimaginável, ele próprio constituído de uma infinidade de dossiês estocados em outros discos rígidos, correspondendo cada um ao comprimento de onda que foi a de um ser vivo.

Em outras palavras, poder-se-ia dizer que os Anais se compõem de um número incalculável de camadas e que o exercício da sua leitura resume-se a tentar sintonizar-se com a freqüência vibratória de uma delas a fim de extrair-lhe as informações.

É fácil admitir que uma cinemateca assim constitui um incrível labirinto que contém numerosas ciladas e que só deveríamos abordá-la com um mínimo de experiência. Se a vertigem tem incontáveis virtudes formadoras, pode ter também seu lado destrutivo.

O dossiê átomo-permanente

Voltando à identidade da câmera que nos preocupa aqui, quanto a mim não há dúvida possível. A cada segundo de nossa vida que passa, cada um de nós filma, continuamente e sem a menor possibilidade de fraude, todos os acontecimentos de que é testemunha e ator.

Os seres que somos gravam assim em si, permanentemente, um impressionante banco de dados que vai constituir a memória integral da sua vida. Esse banco de dados é estocado no que tradicionalmente se chama átomo-permanente. Trata-se de um átomo de natureza sutil, situado no coração físico, e uma de suas particularidades é ser constituído de Akasha no estado puro.[7]

É esse átomo-permanente que acompanha nossa alma de existência em existência. Ele é testemunha da nossa origem e fiador da nossa identidade profunda. É "intimamente nós", porque representa nossa memória absoluta. Não há o menor gesto que tenhamos feito que não se ache impresso para sempre nele. Impossível mentir-lhe... porque é impossível trapacear com o que realmente somos, sem contar com a miríade das personalidades que já assumimos.

No momento em que redijo estas linhas, como nesse outro, em que você está lendo, uma câmera de origem divina roda em cada um de nós o filme da verdade do nosso momento presente.

---

7 Para maiores detalhes, ver, do mesmo autor, *Les maladies karmiques*, pág. 54, e *Ainsi soignaient-ils*, págs. 143 a 149, ed. Le Perséa.

É preciso que se compreenda, agora, que a capacidade de memorização de um átomo-permanente é ilimitada. Este, sendo feito à imagem do universo, está constantemente em estado de expansão. Pode-se deduzir daí que o Akasha, como elemento primeiro da expressão do Divino, está, por natureza, em perpétuo movimento de dilatação. Ele é Espírito, é Som, é Luz, ele gera, memoriza o que se criou através dele e o chama de volta, enfim, à Unidade primordial...

Pelo mecanismo dessa última dinâmica de chamamento, compreendemos que cada átomo-permanente individual constitui um dos dossiês que irão alimentar permanentemente a Memória global dos Anais.

A Memória das memórias

Tudo isso diz respeito, é claro, prioritariamente ao ser humano. Que acontece então com a memória mais global que chamo de "cinemateca do nosso mundo"?[8] É possível descobrir a identidade da câmera que registrou os milhares de dados que a compõem?

Diria apenas que se pode considerar a possibilidade de ter acesso a essa identidade. Na verdade, como falar sem deformação e sem cair no antropomorfismo, de uma, ou de algumas Inteligências, cuja amplitude situa-se manifestamente bem além da humana? Falo aqui da inteligência de um planeta, de um sistema solar e mesmo de uma galáxia.

Tenho consciência de que esses conceitos podem provocar risos, pois os seres que somos estão convencidos de que representam, incontestavelmente, o auge da Evolução.

Como já deixei claro, minhas incursões aos mundos sutis e, principalmente, aos Anais de Akasha, permitiram-me tocar o âmago de uma realidade bem diferente da que comumente imaginamos.

Pessoalmente, devo atestar algo que me parece primordial: por trás de cada corpo, ou conjunto de corpos celestes, existe

---

8 Ver página 35.

uma inteligência, um coração, uma alma ou, se preferirmos, a consciência de um Ser que vive, evolui e memoriza *tudo* ao seu modo, a começar, evidentemente, por sua própria história.[9] Numa ótica ecológica, por exemplo, é banal clamar que a Terra é um ser vivo. Aceita-se facilmente essa expressão num contexto biológico, químico, geológico, climático ou outro, em que tudo se completa e se equilibra.

Infelizmente, a reflexão pára por aqui, negligenciando o fato de que não há vida digna desse nome sem consciência e, portanto, sem alma.

Quem quer que tenha acesso aos mundos sutis sabe, por experiência própria, que a alma humana é apenas uma das manifestações do Princípio da alma através do oceano da Vida.

Por falta de conceitos e de vocabulário adequado, não me arriscarei a contar aqui o conteúdo de dois ou três contatos fulgurantes que consegui ter com a alma do nosso planeta. Isso é intraduzível. O que seria traduzível, ao contrário, é a captação de uma parte das imagens contidas na memória desse Ser cuja dimensão, parece-me claro, é arcangelical.[10]

Quando tenho acesso a certas páginas da História da Terra, especialmente as que mostram sua interação com outros planetas, é através das lembranças gravadas no banco de dados de tal Ser que me é permitido pesquisar. Trata-se, pois, para mim, de vivenciar isso com a maior sacralidade possível.

Em meio a essas experiências, foi-me permitido compreender que a memória "individual" de um planeta relata apenas os acontecimentos da sua própria metamorfose e da sua posição num sistema estelar. Na sua memória estão armazenadas as lembranças das "doenças" ou, ao contrário, dos "períodos saudáveis" pelos quais o planeta em questão passou ao abrigar, no correr das Eras, inúmeras civilizações.

Além disso, foi-me permitido observar que sempre houve

---

9 Ver *Comment dieu devint Dieu*, do mesmo autor, ed. Le Perséa.
10 Em *O Sublime Peregrino*, Ramatís / Hercílio Maes, **EDITORA DO CONHECIMENTO**, capítulo 5, o autor espiritual afirma:"...o Cristo Planetário é uma entidade arcangélica, enquanto Jesus de Nazaré, espírito sublime e angélico, foi o seu médium mais perfeito na Terra". (Nota do Editor)

Anais do Akasha

uma estreita relação entre o metabolismo denso e sutil de um ser como a Terra e o desenvolvimento mais ou menos harmonioso dos povos que nela viveram.

Quanto a isso, os Anais terrestres relatam, com muita clareza, que quantidades significativas das civilizações humanas que se sucederam tiveram o efeito de verdadeiros vírus infligidos ao planeta.

Reagindo, esta segregou espontaneamente "anticorpos", na maioria das vezes remodelando sua geografia, seu equilíbrio climático, bem como suas relações com os outros seres estelares circunvizinhos.

Assim, é possível ler na Memória akáshica da Terra as marcas das sua posições de acolhida ou de defesa, principalmente quanto às diversas egrégoras emitidas pela raça humana em suas tribulações no correr dos seus ciclos evolutivos.[11]

Que mais acrescentar, a não ser que, pelo acesso a imagens que mostram isso, devemos relativizar muitas coisas... A arrogância e a estupidez da nossa espécie ficam expostas, e somos obrigados a tomar consciência de que, na escala do cosmos e das formas de vida que nele se desenvolvem, poderíamos ter menos importância do que uma colônia de ácaros... sem a incrível dose de Amor que nos é continuamente oferecida.

Qual a razão de tal presente? É que ele está nos planos da Vida. É porque o Akasha, por sua maior ou menor combinação com o Prâna, veicula através de tudo, a despeito de tudo e com uma paciência infinita, o Espírito e o Projeto Divino.

Uma missão para cada planeta

Quando nos é permitido entrar em contato com a alma de um planeta, folheando de algum modo as páginas da sua Memória akáshica, é exatamente como se, analogicamente, fizéssemos a leitura da sua aura causal.

Percebemos então, com bastante distanciamento, que

---

11 A Tradição hinduísta determina uma alternância de quatro ciclos, a que chama *Kalpa*: O *Kalpa* de formação, o da estabilização, o do declínio e depois o da desintegração.

cada mundo tem sua própria destinação e, de certo modo, seu próprio carma. Realmente, ele passa por fases de atividade, de sono, de mortes, e de renascimentos. Sua vida compõe-se de inspirações, de expirações e, é claro, de apnéias, exatamente como a nossa. Ele também evolui segundo ciclos que se geram reciprocamente e através dos quais se perpetua uma memória cuja finalidade é o cumprimento de uma missão precisa.

Se considerarmos que nosso universo físico é comparável ao corpo denso de Deus, isto é, ao que podemos perceber através da Sua manifestação na materialidade, passa a ser coerente, então, considerarmos que cada corpo celeste que O compõe seja comparável, se não a um dos Seus órgãos, pelo menos a uma parte dele. Isso nos remete à noção de missão, ou de função, acima mencionada.

Admitindo-se, a título de exemplo, que nosso sistema solar desempenhe o papel de um fígado, poderíamos dizer então que a Terra representa a vesícula biliar unida a esse fígado.

Seja como for, hoje me parece indubitável que cada mundo está em ligação direta com o arquétipo de uma função oriunda do Corpo divino e, portanto, da Onda de pensamento que O originou.

Mergulhando na Memória akáshica da nossa Terra, constatei que estamos num planeta cuja missão é a união, a síntese de inúmeras formas de vida, e conseqüentemente de consciência, dificilmente conciliáveis devido às suas diferentes origens. Seu papel seria quase comparável ao de um pesquisador – possivelmente um alquimista – que tentasse misturar água e óleo a fim de obter uma substância líquida perfeitamente homogênea e harmoniosa.

Consultar os Anais akáshicos do nosso planeta constitui, com certeza, uma experiência mística da maior importância. De maneira radical, ela nos permite afastar-nos da nossa própria e pequena história cármica. Convida-nos a compreender que os humanos como nós são elementos privilegiados de uma experiência sagrada, que participa da Expansão divina.

Nesse contexto, cada raça terrestre, com suas diferenças e

particularidades, deve aprender a misturar-se às outras. Independentemente da noção de raça, dei-me conta de que o mesmo vale para todo nível de consciência, com suas peculiaridades, suas qualidades e lacunas.

Assim, portanto, no seio de um mundo como o nosso, nosso dever é admitir enfim que, definitivamente, nada se opõe a nada, que nenhuma expressão de vida e de alma é fundamentalmente contrária a outra.

Nossa história comum deverá juntar-se pela "secreção de um suco sutil" que virá facilitar a assimilação dos mais diversos corpos e gerar, conseqüentemente, uma onda de união e de pacificação.

Anais neutros, quentes e frios...

Para concluir, poderia acrescentar que a grande particularidade da Memória akáshica ligada a um mundo é a sua neutralidade. Ela não permite a intervenção de qualquer elemento relacionado com uma individualidade humana. Seu alvo é a Evolução, no sentido mais amplo possível. É, pois, um objetivo que convida a relativizar tudo, não de modo distante como se poderia crer, mas dentro da mais bela equanimidade possível, atribuindo ao Amor e à Presença do Divino uma dimensão infinitamente vasta.

A neutralidade desses Anais não deve, obviamente, ser tomada no sentido de um convite à indiferença ou ao desinteresse. O privilégio que sua consulta representa é, ao contrário, a incitação a um engajamento bem mais firme visando ao nosso próprio renascimento.

O paradoxo, no entanto, é que é preciso já ter dado início a "trabalhos de pacificação" no interior da nossa memória individual, incontestavelmente mais "quente", para compreender o alcance dessa lição. Falo aqui de calor na medida em que o aspecto deprimente do ego humano muitas vezes se expressa como água em ebulição.

Como utilizei as expressões "Anais neutros" e "Anais

quentes", logicamente podemos perguntar-nos se existem "Anais frios"... Diria que sim. Já os mencionei. São os que dizem respeito a uma terceira pessoa em cuja memória o "leitor" não está incluído. Não quero com isso dizer que sejam Anais que se consultam sem qualquer emoção, mas que sua descoberta não incide diretamente sobre a possível limpeza da consciência da pessoa que vive a experiência.

De um modo ou de outro, e seja qual for o nível em que se processa a leitura dos Anais, bem mais do que a quantidade de informações recebida, é a natureza da experiência em si que faz dela um verdadeiro presente do Divino.

Que fazemos com um presente assim quando nos é oferecido? Aí está o problema. Ou o vivenciamos como uma iniciação maior, isto é, como um instrumento de expansão do coração e da alma... ou seu real significado nos escapa e nos leva um pouco mais longe através da selva das expressões baixas do ego.

Capítulo 3
O labirinto

Um certo desconhecido

– Senhor, o que tenho a revelar-lhe é da maior importância. Poderia conceder-me alguns instantes?

O homem que assim me falava tinha uns cinqüenta anos. Cabelos longos, já quase brancos, barba cuidadosamente aparada, não podia passar despercebido no meio de uma multidão. Fazia mais de meia hora que o observava, aguardando a poucos metros de mim. Mantivera-se instintivamente afastado de todos que se sucediam amavelmente para dirigir-me duas ou três palavras a propósito da conferência que acabava de proferir. Agora que não havia mais ninguém, era sua vez.

– Podemos falar a sós? – perguntou-me, em tom suficientemente alto para que as duas ou três pessoas que me acompanhavam percebessem que deviam afastar-se.

– Pois não... – respondi, notando pela primeira vez o brilho inflamado do seu olhar violáceo.

A poucos metros de nós havia umas velhas poltronas de veludo. Fomos sentar-nos lá e o estranho desconhecido, que afirmava estar há muito tempo acompanhando minha carreira literária, começou a falar. Tomado de forte emoção, não conseguia evitar que seus lábios tremessem levemente.

– Há quase vinte anos aguardo este momento, mas ainda não tinha chegado a hora. Olha para mim... Meus olhos te dizem alguma coisa – acrescentou, passando, sem transição, do tratamento senhor para tu.

Fui obrigado a responder que não. Por delicadeza, acrescentei que eu encontrava muita gente e que... O tom do meu interlocutor, então, quis parecer mais solene, apesar da pouca firmeza da sua voz.

– Sim, faz vinte anos – recomeçou. – Imediatamente soube que estava destinado a isso...

– A isso?

– Quero dizer que eu devia trabalhar nessa direção, que era importante para mim, para todos nós, que eu reencontrasse uma antiga memória... *Minha* memória, compreendes? A princípio pensei que eu devia consultar uma dessas pessoas que levam a fazer regressões no Tempo. Em seguida, não, logo me dei conta de que elas não eram suficientemente puras, que não voavam tão alto, e que eu mesmo devia dar um jeito nisso. Então meditei, jejuei, pratiquei exercícios de respiração durante meses e meses. Consagrei tudo a *isso*... Minha companheira me deixou... O preço era esse... Ela não estava preparada para o que ia acontecer.

– E que aconteceu?

O homem me olhou longamente, com uma leve ponta de decepção e como se estivesse admirado porque eu ainda não tinha decifrado o que estava tentando dizer-me.

– Era uma sexta-feira santa... O acaso não existe, tu o sabes. Foi nesse dia que o véu se rasgou. Eu me reconheci. Finalmente! Vi que quem estava na cruz era eu. As imagens eram bem nítidas! Eu sentia até o gosto do sangue na boca e via lá embaixo os outros rindo, com suas lanças. Era tão evidente! Chorei durante muitos dias...

Foi a partir desse momento que as imagens começaram a chegar, inicialmente, uma ou duas vezes por semana, como se para animar-me, depois uma vez por mês, mais ou menos.

Anais do Akasha

Lembrei-me de tudo... Li tudo na Memória do Universo. Vi-me andando pelos caminhos com os que me seguiam. Tu estavas lá, eu te reconheci imediatamente. Posso contar-te tudo com detalhes para que completes teus livros.

Vejo que hoje à noite não tens disponibilidade, mas precisamos encontrar-nos de novo. É agora que minha missão deve avançar, eu sei. As imagens do passado me fazem compreender isso sem cessar. Elas surgem quando eu quero... Aqui está meu endereço na Internet...

Lembro-me de ter tentado captar melhor o olhar do meu interlocutor, mas ele se tornara quase fugidio, singular mistura de receio e orgulho. Apanhei o cartão de visita que me estendia e, enquanto me levantava, o homem esquivou-se lentamente, com ar afetado.

Nosso encontro tinha durado apenas alguns segundos, mas ainda hoje continua presente nas minhas lembranças por ser tão revelador do que vivem certas pessoas perdidas entre os febris cenários de coloração mística.

Pretextando não sei mais o que, nada comentei com as pessoas que me acompanhavam quanto ao conteúdo da minha breve entrevista com o desconhecido de cabelos brancos. Por trás do biombo de falsa humildade, que ele mal dissimulava, o homem havia emitido uma tal onda de sofrimento que não me passaria pela cabeça a idéia de trair seu delírio secreto, apontando-o. Teria sido muito fácil rir dele assim que tivesse virado as costas e depois declarar ironicamente: "Mais um que acha que é..."

No curso da sua história, a alma humana às vezes explora essas vertigens, das quais não convém zombar, já que trazem consigo uma dor profunda, tenaz e sutil.

Ao longo dos últimos vinte e cinco anos, tive oportunidade de cruzar regularmente com seres iguais àquele interlocutor de um final de noite... ou em carne e osso, ou pelo correio, e às vezes até por telefone. Quer fossem homens ou mulheres, pouco importava. O cenário era quase sempre idêntico. A Memória akáshica se abrira para eles, supostamente sem deixar qualquer dúvida quando à sua identidade. Haviam aguardado pacientemente a sua hora, que finalmente soara. O teste a que me submetiam era, necessariamente, saber reconhecê-los a fim de interpretar, diante deles, o papel de uma espécie de João Batista dos tempos modernos.

Evidentemente, tudo delírio... Delírio, porém, não significa sistematicamente loucura no sentido em que é entendido de modo clássico. Na verdade, creio poder afirmar que a maioria dessas pessoas que encontrei não mostrariam, em sociedade, qualquer sinal de desordem mental. Estavam presas na teia de aranha de um cenário de vida que se tinha elaborado pacientemente ao contato anárquico e temerário de determinadas leis do mundo sutil. Cada qual tinha sua personalidade, e todas acreditavam sinceramente nesse cenário que só podia acabar por miná-las em silêncio.

Meu itinerário pessoal permitiu-me compreender que todos os mundos em que uma vida consciente de si mesma se manifesta são cobertos de armadilhas que só a experiência, pouco a pouco, existência após existência, ensina a evitar.

Alguns afirmam que é fácil perder-se no labirinto das circunstâncias que constituem uma simples vida terrestre. Por que não aconteceria o mesmo em contato com outros mundos, ou melhor, com outras dimensões do nosso universo?

Perder-se no dédalo da sua estrutura é coisa relativamente fácil quando não se está preparado para aportar no seu continente... E, estar preparado, começa por ser explicitamente convidado. O convite claro da Vida para explorar as camadas de energia que a compõem é a chave que convém, portanto, ver oferecer-se antes de engajar-se no que chamo de Caminho da Lembrança.

Se não for assim, é melhor manter-se afastado de tal iniciativa, sob pena de queimar as asas à aproximação de uma chama que nos ultrapassa.

O obstáculo que nos espreita é, evidentemente, o do combate sem fim travado entre a pretensão e a humildade.

Técnica e ética

Essas constatações me levam a insistir em noções de natureza ética intimamente ligadas a uma questão aparentemente técnica. Esta última resume-se a poucas palavras: Todos podem e devem ter acesso à Memória do Tempo? Minha resposta, incontestavelmente, é *não*.

Em primeiro lugar, nem todos podem, pela mesma razão pela qual não é qualquer ser humano que pode tornar-se físico, terapeuta, compositor musical ou escultor. Isso exige determinado número de aptidões bem específicas.

Assim, não nos improvisamos em "leitor" dos Anais akáshicos simplesmente porque isso nos interessa ou porque se tem a impressão de que irá resolver alguns dos nossos problemas. Isso exige o tipo de predisposição tradicionalmente chamada Dom... Mas, que é um Dom senão o resultado de uma capacidade que freqüentemente se cultivou durante vidas e vidas? É, pois, a conseqüência lógica de um trabalho assíduo.

No caso da penetração dos Anais temporais, é fácil conceber que esse trabalho foi de uma natureza muito particular, já que se trata de uma disciplina em ligação direta com os princípios da alma e do espírito. Aí a pessoa se encontra no domínio mais sensível que existe, por ser o mais cheio de conseqüências, a partir do momento em que é abordado.

A "tecnicidade" exigida não representa o cerne do problema. Trata-se da maturidade de uma alma, da sua trajetória ou da sua missão.

Deveria ser evidente que ninguém pode inventar de repente uma missão para si próprio. No entanto, no domínio que nos preocupa, o fato é que é muito tentador querer atribuir-se uma e assim representar, sem percebê-lo, o papel de aprendiz de feiticeiro.

Não precisaria pensar muito para fazer uma lista de pessoas que bateram à minha porta para "curar-se" de lembranças, reais ou imaginárias, a cujo encontro foram, sem saber que essas lembranças as parasitariam e lhes destruiriam o equilíbrio.

Dois casos de mistificação

Estou pensando na jovem que encontrei há alguns anos e que, desde a infância, era perseguida por imagens de fogueiras. Convencida da realidade da encarnação, tinha começado um trabalho técnico consigo mesma, para aprofundar suas visões. Estava convencida de que se libertaria do seu aspecto sombrio trazendo à tona uma existência na qual teria morrido queimada. Infelizmente, contou-me ela, o filme que finalmente se revelou falava de uma realidade bem diferente. Viu-se na batina de um padre inquisidor, fazendo dezenas de heréticos subir na fogueira... Depois disso, dizia, sua vida passou a ser um drama. Achava-se constantemente "obrigada a expiar" e esforçava-se para que tudo o que empreendesse fracassasse sistematicamente. Ela se tinha auto-iludido...

Quer suas "visões akáshicas" tenham sido reais ou tenham pertencido a uma outra alma que não a sua, este não era o único aspecto do problema. A realidade com que vivia revelava, inicialmente, que ela tinha investigado num domínio para o qual não estava suficientemente amadurecida. Nunca se sabe o que se vai desencavar nos labirintos do Tempo...

Mais um testemunho é o de outra pessoa que, fascinada pelo imenso domínio que os Anais de Akasha constituem, e que, persuadida a manifestar alguns dons nesse domínio, finalmente decidiu que seu trabalho seria ajudar quem lhe pedisse para encontrar sua identidade profunda através dos véus do Tempo.

Ela abrira um consultório onde passava diariamente quatro ou cinco horas de transes em leituras de aura quase contínuas.

Quando me escreveu para relatar-me seu percurso, essa pessoa estava à beira do desespero. Sua carta era um amargo desabafo, era a confissão de uma grande fraude. Inicialmente dotada, ou não, reconhecia ter alimentado uma enorme mentira através dos anos. Sua consciência não suportava mais e ela começava a entender a enormidade dos danos que suas "leituras no Tempo" haviam provocado. Danos a si mesma, ao nível da sua própria imagem que não cessava de aviltar-se, e danos aos outros. Reconhecia ter alimentado muitas vezes sonhos insensatos, ter provocado fobias e até delírios. Por que tinha partido como um cavalo fogoso nessa direção? Ela confessava que fora por orgulho, por necessidade de ascendência sobre os outros, para ter uma posição na vida e, enfim, pela compensação financeira que lhe proporcionava. No momento em que me escrevia, estava às voltas com uma úlcera no estômago e acossada por uma clientela de que não conseguia livrar-se e diante da qual se via obrigada a "fornecer um produto" a qualquer custo...

Os dois exemplos que acabo de citar são clássicos e trágicos ao mesmo tempo. Infelizmente, não são tão raros num domínio onde é importante a maior honestidade... sob pena de embaralhar o filme akáshico com pequenos cenários em forma de impasse.

Além do Dom e do aspecto técnico necessários a qualquer tentativa de investigação no Tempo, seu lado ético é incontornável. Não se pode desprezá-lo sem provocar em troca alguma tempestade.

Se cada qual é certamente livre e senhor do que o habita, não é menos verdade que esse tipo de mistificação causa um problema que ultrapassa de longe as individualidades. Trata-se de um entrave ao crescimento do nível de consciência coletiva da nossa humanidade.

Sabemos que uma mentira geralmente acaba desmontando-se por si mesma. Num domínio tão sutil como o da Memória do Tempo, infelizmente as coisas não são tão simples, porque, longe de dar vontade de pesquisar mais adiante, uma fraude revelada incita, antes, os pesquisadores e todos que se interrogam a desviar o olhar da questão. A mentira descoberta prolonga, assim, o sono da alma. Ela contribui para embotar o nível de consciência da nossa humanidade, persuadindo-a a não sair do cientificamente ortodoxo.

Quanto a mim, parece-me bem evidente que se uma imersão em nossa memória profunda ou na de uma pessoa alheia a nós pode ter virtudes terapêuticas, seu exercício jamais deve ser encarado levianamente, e menos ainda forçado.

Uma medida de proteção

Já encontrei muitas mulheres e homens que, sem verdadeiramente percebê-lo, viviam naturalmente inícios de viagem ao interior da sua própria memória. Na verdade, o fenômeno não é raro e, de um modo geral, não desencadeia qualquer desequilíbrio. No entanto, ele às vezes é mal interpretado, até mesmo totalmente negado.

A maioria das pessoas que fizeram a experiência dessas leituras espontâneas se lembram dos mesmos detalhes. Os olhos fechados, em estado de meditação ou de simples relaxamento, às vezes também na fase de consciência modificada que antecede o sono, viam-se do interior, despojando-se de uma série de máscaras sucessivas, umas cobrindo as outras como rostos. Geralmente, quando estão abertas a certas realidades, essas pessoas admitem que são seus rostos de antigamente.

A pergunta que freqüentemente me fazem é: Por que às vezes conseguimos captar espontaneamente os eflúvios de nossas vidas passadas através da percepção de nossos próprios rostos?

Trata-se, na verdade, de uma medida de proteção que nos é oferecida por nossa consciência superior. Esta se aproveita de uma fase de bom alinhamento da sua realidade com nossa consciência encarnada. É o sinal de uma discreta preparação para nosso futuro acesso – mais vasto – à experiência coerente das vidas pelas quais passamos.

Numa tentativa justa e no curso de um trabalho harmonioso, as memórias se revelam, pois, com segurança. Quando se experimenta semelhante fenômeno, é preciso, apesar de tudo, saber que essa noção de segurança não exclui, obrigatoriamente, algum abalo. No entanto, o fato de ficar abalado por certas percepções interiores não significa uma perda de equilíbrio. Assim que o eventual choque da "revelação" é absorvido, a personalidade fica reforçada e seu sentido de vida notavelmente consolidado.

É preciso compreender que os rostos que apareceram espontaneamente representam "camadas de memória" que se desempoeiraram para que o que se poderia chamar "o atual contrato de vida" seja mais legível. Em outras palavras, isso significa que nos são fornecidos materiais para que possamos captar melhor o significado da nossa encarnação presente.

Não hesito em dizer que um tal fenômeno de leitura espontânea da nossa Memória – se bem que embrionário – é quase comparável ao "abastecimento" ou, ainda, à atualização de um programa de informática. Esse programa nada mais é senão o conjunto de instrumentos que permitem a modificação do nosso nível de consciência e, portanto, do nosso potencial de acesso a um outro estado vibratório.

A descoberta progressiva e natural da totalidade do que faz com que sejamos nós mesmos participa do grande parto do plano de expressão da Presença divina em nosso coração.

O átomo-permanente – o de nossa origem absoluta – que se encontra exatamente na raiz desse coração é o primeiro beneficiário do desempoeiramento que então está em curso. É importante que se compreenda bem isso porque, sem a pacificação, isto é, sem a reorganização das camadas de experiências que a habitam, nenhuma consciência consegue dar um verdadeiro salto à frente.

Os testes

Com freqüência, constatei que a Inteligência da Vida que preside a tudo isso como um admirável maestro nada relega ao acaso... Mesmo quando a partitura parece bem dominada, ela sabe que sempre é possível uma derrapagem. O ser humano é feito de tal forma que o exercício do seu livre-arbítrio o segue até o fim.

Na verdade, mesmo que o despertar para memórias profundas seja proposto de mansinho, a revelação das diferentes camadas do tempo é de molde a reservar surpresas. Podem surgir quistos mentais... transformando-se rapidamente em tumores do ego.

Já tive oportunidade, também, de conhecer pessoas que haviam atualizado em si uma existência, entre outras, em que deixaram traços históricos. Viam-se bruscamente confrontadas com o peso da sua celebridade passada.

Devo dizer que duas delas passaram muito mal pelo teste, embora o acesso à sua própria memória através do Tempo tenha sido tão fluido quanto possível. Tanto uma como a outra reagiram na mesma direção: convencidas de que sua antiga fama fazia delas, obrigatoriamente, almas excepcionais, em breve passaram a levar-se a sério. Tudo, ou quase tudo, lhes era devido e o olhar com que, cedo ou tarde, passaram a encarar as pessoas que delas se aproximavam era cheio de condescendência. Os elementos dignificantes do seu passado as haviam apanhado numa armadilha, misturando e estragando as cartas do seu presente. Mesmo que essas pessoas tivessem evitado qualquer desequilíbrio de ordem energética e mental, não forçando porta alguma, não teriam evitado a cilada do "ego".

Podemos então perguntar-nos porque uma parte da sua memória profunda se revelara a elas tão harmoniosamente, se era para em seguida fazê-las tropeçar, às vezes amargamente.

Simplesmente porque o princípio da queda, ou melhor, da "visita de um impasse", faz parte dos métodos de aprendizagem utilizados pela Inteligência da Vida para levar cada vez mais longe o crescimento de uma alma. É um teste infalível cujo objetivo é que todos os aspectos da personalidade que não forem suficientemente transparentes ou sólidos sejam esclarecidos com vistas a um aperfeiçoamento ulterior.

Quando confrontada com a sucessão das salas da sua própria memória, a pessoa nunca sabe se passará com sucesso por todos as provas.

A freqüentação dos mundos sutis e das formas de vida que os povoam permitem-me compreender que não há nisso qualquer "malignidade" da parte do Divino. É bom que isso fique claro, porque vi muitas pessoas se desviarem dos Rumos do Espírito porque achavam que havia uma certa perversidade, até mesmo uma forma de sadismo, nos testes que a vida lhes propunha.

Na realidade, nada disso existe na âmago da Infinita Luz. Simplesmente, existe a necessidade absoluta de cultivar essa pureza total, essa força inquebrantável e esse amor ilimitado que são as marcas da Divindade. Assim, todas as coisas são utilizadas para que tudo que se assemelhe a uma zona claro-escura dentro do ser seja purificado.

Aliás, não é verdadeiramente necessário que seja o Divino, como tal, que imagine testes para emboscar o ego nos seus próprios meandros. A consciência superior de cada um de nós, na sua ânsia de ascenção, é mais do que suficiente. Ela se recorda do seu estado primordial e não cessa de livrar seus prolongamentos mais densos da sua terrível amnésia...

Capítulo 4
Os anais ilusórios

Anatomia da Matéria

Após termos tentado traçar uma espécie de carta anatômica básica dos Anais akáshicos, depois de nos termos familiarizado, portanto, com alguns dos conceitos a eles ligados, seria conveniente investigarmos do ponto de vista do "último elo" da Criação que é... a Matéria. Estaremos fora do assunto? Logo veremos que não.

Classicamente, ensinam-nos que a Matéria se apresenta sob três formas, ou três estados: sólido, líquido e gasoso. Pensa-se ter enunciado, com isso, uma verdade definitiva.

A partir do momento em que nos atrevemos a sair, por pouco que seja, do recinto constituído pelo campo do que é oficial, é fácil perceber que isso só é verdade em parte.

Ela fecha a porta a uma infinidade de fenômenos que se prefere acreditar que não existem. Veda, enfim, o acesso a uma percepção da Vida incrivelmente mais vasta e mais arrebatadora do que a que nos é inculcada.

Para avançar, é preciso usar um termo execrado fora do contexto dos laboratórios farmacêuticos... Refiro-me ao Éter. O Éter de que aqui se trata e de que já falei antes, representa, na verdade, o quarto estado da matéria do nosso universo.

Quando me perguntam se acredito na sua existência, sempre me dá vontade de responder que não... porque meu contato com a sua realidade não pertence ao domínio da crença, mas da experimentação. Não *acredito* na sua existência... Eu a *percebo*!

Toda vez que minha consciência deixa meu corpo de carne, antes mesmo de vagar entre os mundos da alma, ou no interior do Akasha, ela fica em contato direto com o universo do Éter. Digo universo porque se trata de um estado da matéria extremamente extenso e, portanto, complexo.

O argumento segundo o qual ele não existe, uma vez que escapa aos nossos cinco sentidos, não se mantém, porque os gases do nosso mundo material tampouco são captados por nossa percepção direta. Será que é o fato de serem cientificamente detectáveis e analisáveis que faz com que existam?

Que dizer, então, das ondas cerebrais? Não existiam antes que se conseguisse prová-las? Acaso nos ocorreria dizer que o ser humano não pensava antes que fosse possível demonstrar-lhe a atividade do cérebro através de gráficos?

Se me proponho aqui a falar do Éter, entretanto, não é para reacender uma polêmica tão velha quanto o mundo. É porque um dos seus constituintes apresenta alguns pontos comuns com o Akasha, de que tratamos nestas páginas.

Por ter penetrado no universo etéreo um número incalculável de vezes, posso falar dele como de um *estado diferente da vida material*. Vejam bem que digo material e não sutil. Na verdade, a densidade, no coração da matéria, não é a mesma em toda parte...

Que há em comum entre o vapor da água e o aspecto compacto de uma rocha? Pois bem, o distanciamento que se constata entre esses dois níveis da materialidade é semelhante ao que existe entre o Éter, no sentido global do termo, e os gases. É importante que se compreenda bem que não há qualquer ruptura brutal entre o mundo material e o mundo sutil. Existem estágios que levam progressivamente da materialidade à sutileza.

Acrescentemos a isso que materialidade não significa

obrigatoriamente visibilidade e que sutileza não é forçosamente sinônimo de imaterialidade.

Sabe-se que a Energia se manifesta sob múltiplas formas – cinética, térmica, gravitacional, elétrica, magnética, nuclear e mesmo virtual – que aparentemente não têm grande coisa em comum, mas, seja como for, trata-se de Energia. O mesmo acontece com a Matéria; cada um dos seus estados se assemelha ao barrote de uma escada ao longo do qual nos içamos a fim de chegar a *outra coisa.*

Os quatro Éteres

Segundo minha própria compreensão, a escala da matéria é dotada de sete níveis. Por que sete? Porque além dos três estados básicos, o quarto, globalmente chamado Éter, é na realidade, quádruplo. Do mais denso ao mais sutil, é possível enumerar-lhe os graus desse modo: inicialmente, há o Éter químico, assim chamado por ser o agente através do qual um organismo físico consegue assimilar seu alimento. Está, portanto, diretamente relacionado com todos os aspectos da digestão, isto é, com a transformação de substâncias em energia. Não basta afirmar, por exemplo, que são os sucos que iniciam o processo da digestão; é preciso remontar bem além deles para descobrir-lhes na base o Éter químico.

Esse estado desconhecido da "matéria sutil" seria o mais perceptível pelos nossos cinco sentidos se aceitássemos considerá-lo. O mundo que ele constitui é povoado por formas de vida peculiares. São as tradicionalmente chamadas *gnomos.*

Em segundo lugar vem o Éter reprodutor. Este elemento é, de certo modo, a conseqüência direta do precedente, e também seu aliado.Ele permite, a partir das matérias digeridas por um organismo, gerar um impulso vital. No seu topo acha-se, muito naturalmente, a capacidade de reprodução ao nível da estrutura física.

Embora não seja ele o único responsável, esse Éter é, contudo, o "gerente" da capacidade de reprodução de um corpo. Compreende-se por que está ligado às manifestações líquidas da matéria. Ele as impregna de suas formas de vida.[1]

Vem a seguir o Éter luminoso. Sem sua presença no seio de tudo o que existe, os seres como nós seriam desprovidos de percepções sensoriais. Não conseguiriam situar-se em nenhum contexto e sua consciência individual se acharia muito afetada. Esse Éter se manifesta sob a forma de um sopro de sensibilidade. É um calor também. Eis por que as Tradições que o levam em consideração na sua compreensão do mundo o colocam em estreita ligação com o elemento Fogo. Ele é a essência do Fogo, a morada das Salamandras.

Chegamos enfim ao quarto Éter, o Éter espelho ou, ainda, refletor. É a ele que se deveria chegar, pois é ele que tem muito a ensinar-nos relativamente à Memória do nosso universo. Poderíamos dizer que é o agente pelo qual um pensamento estruturado se situa e circula através do mundo físico. Ele gera nossa capacidade de memorização a um certo nível, porque é difícil entrever um pensamento organizado sem que seja sustentado, na sua base, pelo fenômeno da memória.[2]

É precisamente aí que as coisas se tornam esclarecedoras, pois que é o princípio da memória senão a conseqüência de um efeito de espelho?

Quando um fenômeno se reproduz em algum lugar – seja em pensamento ou em ato – e é captado por uma placa sensível, e logo é devolvido por ela, como um reflexo, ao seu emissor, este último a armazena para constituir sua memória. Uma vez estabelecido que toda memória é, por definição, o reflexo acessível de algo que existiu, pode-se dizer então que o quarto Éter é o espelho que devolve continuamente tudo o que é emitido por uma forma de vida, desde que haja nela um embrião de consciência, por menor que seja.

Os espelhos deformantes

É sobre as características do espelho que agora convido o

---

1 É o elemento habitado e mantido pelas Ondinas.
2 Este Éter é de natureza aérea, serve de apoio ao mundo élfico.

leitor a debruçar-se comigo. Na verdade, todos sabem que há espelhos e espelhos. Vemo-los de todos os tipos, a começar pelos que podemos improvisar a partir de um recipiente com água ou usando um pedaço de metal polido. Muitas coisas podem refletir uma imagem... até a pupila de um olho.

Agora, se quisermos falar da pureza, ou seja, da confiabilidade de uma memória, precisamos voltar-nos para as características da sua base registradora–refletora.

Todos já se divertiram em feiras com o jogo de espelhos convexos e côncavos e, portanto, fizeram a experiência da deformação da própria imagem. Quem possua instrumentos mais sofisticados pode igualmente fazer essa experiência com determinadas lentes ou filtros fotográficos ou, ainda, através da informática. Em todo caso, não é preciso ser técnico para compreender que a fidelidade de uma imagem refletida é proporcional à natureza do espelho que a capta e das lentes ópticas que, eventualmente, se juntem a ele.

Se relacionarmos essas poucas constatações ao nível do nosso quarto Éter, é então possível deduzir daí um determinado número de coisas de primordial importância, que se baseiam na subjetividade do pensamento humano. Um olhar, uma compreensão, portanto, são análogos a um espelho mais ou menos deformante ou, ainda, a um filtro óptico. É-lhes difícil ser neutros. Eles selecionam certos dados, apagam outros e praticam distorções, embora mínimas.

O Éter refletor age desse modo; pode ser tentado pela subjetividade dos pensamentos que lhe vão ao encontro. Conseqüentemente, ele não constitui uma memória cem por cento confiável. Esta é colorida, poder-se-ia dizer, pelos filtros que são as intenções dos emitentes que somos nós.

Resumindo, existem fatos tal como se passaram... e o que uma determinada camada da nossa personalidade quer que apareça.

Anais do Akasha

O espelho das egrégoras

Minhas investigações neste domínio me levam a crer que uma memória etérica, a constituída, por exemplo, por Fulano de Tal, se atenua progressivamente, depois se apaga após a morte física dessa pessoa. Portanto, é, sob todos os pontos de vista, bem diferente da sua Memória akáshica que, ela, é pura e indelével.

Há, no entanto, um certo tipo de pensamentos que tendem a fixar-se sobre a memória do Éter refletor. Trata-se dessas massas energéticas chamadas formas-pensamentos coletivas, as *egrégoras*.

Para melhor compreender-lhes o processo, eis aqui o exemplo mais clássico que existe: há pouco tempo ainda, a imensa maioria dos cristãos pensava que, no momento da Crucificação, os pregos tinham sido cravados no centro das palmas das mãos do Mestre Jesus. Milhares de esculturas e pinturas alimentavam-lhes a crença. A imagem pétrea de tal crucificação ficara, conseqüentemente, fixada no pensamento coletivo da cristandade. Reproduzida em centenas de milhões de exemplares no correr dos séculos, essa crença gerou uma egrégora, a de um Cristo posto na cruz de um e não de outro modo.

Essa egrégora imprimiu-se naturalmente no Éter refletor. Sua imagem estereotipada é que foi sempre captada com a maior boa fé, sob a forma de visões, por um grande número de pessoas que não punham em dúvida a versão clássica do acontecimento.

Tal egrégora ainda persiste, mesmo que se enfraqueça diante dos argumentos das pesquisas históricas. Aliás, só desaparecerá do Éter-espelho no dia em que não encontrar mais alguém para manter-lhe a idéia e, portanto, a imagem interior.

De tudo isso, não se deve deduzir que a memória etérica seja necessariamente falsa. Ela é apenas o reflexo do pensamento humano em suas variações encarnadas. Antes de mais nada, ela exprime um nível de consciência. Ela mostra onde estamos, individual e coletivamente.

No meu entender, é extremamente importante ficarmos atentos a essa espécie de anais ilusórios ou fictícios que as egrégoras impregnadas no Éter podem facilmente constituir.

A vizinhança da ilusão

Poderão perguntar-me, então, que é que faz com que se possa ter certeza ou não da autenticidade das leituras no Tempo que se será levado a viver, mais ou menos espontaneamente, dentro de uma experiência mística, por exemplo. Dito de outra forma: que é que nos prova que se tem acesso aos verdadeiros Anais akáshicos e não ao espelho enganador do Éter?

Correndo o risco de decepcionar, responderei que nada de definitivo, exceto os instrumentos que são o bom senso e a honestidade aliados à elevação da alma... embora estes também não sejam garantias infalíveis da exatidão perfeita de um mergulho no Tempo.

Muitos grandes místicos não ficaram presos às suas visões, depois à manifestação de estigmas, por sua adesão a uma religião que se esforçava por fixar para sempre uma determinada concepção do passado?

Que dizer, na verdade, quanto às chagas de Francisco de Assis, que surgiram nos pontos onde a Tradição as colocava no corpo do Cristo?

Considerando-se a grandeza e o brilho de *quem* era Francisco, seria particularmente despropositado e incoerente pôr em dúvida sua elevação d'alma!

Podemos apenas concluir que sua tarefa neste mundo não consistia em reproduzir uma verdade histórica, mas em impressionar as almas a fim de infundir-lhes um ímpeto para o alto. Na realidade, aliás, pouco importa como ocorreu a Crucificação. O que nos importa, antes de mais nada, é compreender o acontecimento no seu aspecto energético.[3]

---

3 Ver, quanto a isso, *Enseignements premiers du Christ*, do mesmo autor, pág. 198, ed. Le Perséa.

Se acho importante alongar-me tanto sobre a existência da memória distorcida que o universo etérico encerra, é porque é lógico e sempre bom tentar avançar em busca de maior clareza. Isso permite compreender também o porquê de alguns relatos diferentes quanto a um mesmo acontecimento, através de traços que este parece ter deixado no "Invisível". Em que base – akáshica ou etérica – a captação das imagens percebidas foi efetuada? Esta é a questão.

Estou convencido de que no atual estado do nosso mundo, isto é, proporcionalmente ao nível médio de reflexão da sua humanidade, *não há chave definitiva que possa ser acessível a quem quer que seja, pois nenhuma verdade cabal e imutável pode chocar alguém*. É importante que cada qual aprenda a desbravar seu próprio caminho, que explore até mesmo as aberrações para forjar, pouco a pouco, uma vida depois da outra, os melhores instrumentos de reflexão. O crescimento da alma só pode efetuar-se no cadinho da autonomia do pensamento, pois o certo é que *a aprendizagem da compreensão do que constitui a Vida não se consegue pela absorção de crenças pré-digeridas*.

No caso que nos preocupa – o da investigação mais correta possível da Memória do Tempo – o que importa é a honestidade da investigação. Só ela permite uma progressão na percepção íntima do funcionamento dessa Memória e, portanto, de uma das faces do Divino.

Quando se compreendeu isso, a humanidade se impõe por si só; sabe-se que, seja qual for o nível dos Anais que se manifestou, não se passa de um simples peregrino em busca do seu próprio Graal.

Eis-nos, finalmente, ainda diante do mesmo mistério, o da face íntima da Verdade.

A verdade?

Como esqueceria a experiência pela qual passei há alguns anos, quando estava iniciando um longo trabalho de imersão no âmago do Akasha?

Antes de surgirem em mim as primeiras imagens, minha alma se viu no limiar de um imenso portal. Parecia-me feito de marfim incrustado de osso. Hoje compreendo com clareza que sua aparência traduzia a mudança de estado vibratório que eu estava prestes a vivenciar para ter acesso à esperada Memória. Enquanto o portal se abria lentamente, deixando filtrar uma luz cada vez mais viva e intensa, uma voz tranqüilizadora se fez ouvir. Era uma dessas vozes que não se consegue esquecer. Não usava palavras, mas algo que eu diria serem conceitos sonoros. Estes foram se organizando numa informação que logo depois transcrevi no meu próprio vocabulário. Ei-la a seguir:

> A verdade não é simplesmente um fato, um dia. A verdade é o conjunto infinito dos acontecimentos que deram origem a determinado fato, é o que este fato permitiu sentir no momento em que ocoreu, bem como as conseqüências que semeou através do Tempo... ou seja, a série interminável dos movimentos de evolução a que deu início.
>
> Por que tentar enquadrar a Verdade? Ela é uma série de círculos concêntricos que vão se desenvolvendo incessantemente e que encontram outros círculos concêntricos. Impossível dar-lhe um nome... porque vocês mesmos o mudam a todo instante, pela natureza dos seus pensamentos no coração de Deus.

Uma reflexão como essa, captada entre os mundos, a princípio poderia parecer desencorajadora. É a impressão que dá, na verdade, se a recebemos apenas mentalmente. Se, ao contrário nos deixamos embalar calmamente pelos conceitos que ela tenta fazer nascer em nossa consciência superior, surge então uma maravilhosa percepção da nossa intimidade com o Divino. Mais do que nunca nos sentimos livres; vemos a que ponto somos nós que escolhemos os filtros através dos quais costumamos petrificar a Vida.

Compreendemos que somos nós, individual e coletivamente, que optamos por aderir a esta ou àquela visão ou memória do nosso mundo, seja devido à nossa incapacidade de agir de outro modo, seja devido à especificidade da nossa missão de vida.

Compreendemos, igualmente, que o importante é admitir que esse filtro existe, que com ele representamos uma certa peça teatral... mas que por trás dele existe uma Memória do Exato para a qual nos dirigimos, apesar de tudo.

A compreensão – em profundidade – é tudo o que necessariamente conduz a uma real atitude de respeito face à infinidade de crenças religiosas que se desenvolvem em nosso mundo.

Não falo de tolerância porque, se refletirmos bem, essa noção não induz a uma atitude tão límpida quanto parece. "Tolerar alguma coisa", uma idéia, uma crença, por exemplo, é admitir-lhes a existência, mas continuar com a convicção de que nosso pensamento é que está certo. É, portanto, adotar sutilmente uma atitude de superioridade.

Respeito significa outra coisa. Suscita a idéia de que a opinião de outrem talvez seja tão válida quanto a nossa. Pressupõe o princípio segundo o qual é pelo conflito de opiniões que maior montante de verdade se manifesta e, principalmente, maior grandeza d'alma.

Afinal de contas, não é essa grandeza d'alma que deveria importar-nos em vez do fato de termos sempre "razão", forçosamente, custe o que custar?

As egrégoras religiosas

As egrégoras que se constituíram através dos Tempos no seio das religiões, e mesmo dos movimentos espiritualistas, sempre me espantaram.

Na verdade, quando nos debruçamos sobre as crenças e as Tradições que se desenvolveram através das culturas e dos continentes, logo percebemos que, com raras exceções, cada uma delas está convencida de que está mais próxima da verdade eterna do que as outras.

Por quê? Porque todas elas se baseiam numa Revelação sustentada pelas visões ou percepções sutis de inúmeros místicos, médiuns ou canais que essa Revelação suscitou.

Deve-se, então, ver nessa incoerência a marca indubitável de uma série impressionante de fraudes, de mentiras e de manipulações? Em certos casos talvez, mas não de um modo global.

Bom número de místicos, de médiuns ou canais – pouco importa sua denominação, e mesmo seu nível de consciência – nada mais são a não ser os construtores permanentes da fé a que aderiram. Extraindo imagens na egrégora do Éter-refletor constituída pelos que os precederam, eles assimilaram, depois mantiveram, o nível de compreensão das coisas manifestado por seus antecessores. Contribuíram assim para ampliar a egrégora em questão, transformando-a numa bateria energética cada vez mais forte.

É preciso entender bem o fato de que uma religião muito raramente nasce da vontade do grande Enviado que se supõe ser seu fundador. Ela é o produto progressivamente elaborado pela sucessão dos místicos – mais ou menos autênticos e realizados – que lhe constituíram a egrégora, e depois pelas multidões de fiéis que cegamente a adotaram.

Cada qual adora o espelho mais ou menos deformado e deformante da sua Tradição, agarra-se a ela até por segurança... porque liberdade "demais", isto é, excessiva sede de Verdade, gera vertigens.

O conformismo e o medo, é preciso que se diga, estão, portanto, entre os elementos energéticos que se acham na base das baterias que são a maioria das egrégoras religiosas. Só a maturidade da alma pode fazer com que se admita isso.

Assim, é sempre uma egrégora com sua verdade estabelecida que faz com que seus fiéis digam que estão "inevitavelmente no lado bom"...

Lembro-me de ter irritado algumas pessoas, há muitos anos, ao utilizar a expressão "mitologia cristã". Essa expressão simplesmente era uma alusão ao conjunto de informações deformadas gravadas na egrégora do cristianismo – ao nível do Éter-refletor, portanto – que davam origem a uma espécie de "História santa perfeitamente acabada", pouco se importanto com uma investigação de autenticidade.

A água límpida, a da Fonte akáshica, situa-se além... É

Anais do Akasha

preciso merecê-la, ela exige que seja desbravado um caminho através da nossa selva interior.

Quando nos aproximamos realmente dela e quando podemos dela beber? Em nosso atual estágio humano, certamente não há, repito-o, uma resposta definitiva. Cada qual fica sendo seu próprio avaliador... uma função da sua capacidade de admitir a limpidez.

Quanto maior for a pureza de uma alma, menos se faz sentir o abrasamento do justo e do verdadeiro...

Capítulo 5
Os guardiões do Umbral

Foi há muitos anos... Preparava-me para viver uma das mais importantes explorações akáshicas da minha vida. Pressentia, principalmente, que ela me faria penetrar, diversamente das anteriores, nos mais profundos recônditos da minha memória cardíaca.

As primeiras cenas de um passado longínquo que me dizia respeito tinham surgido espontaneamente. Tinham sido suficientemente fortes para que eu visse nisso as premissas de uma experiência marcante.

Ignoro por que e como, mas logo compreendi que, para ir mais longe, ainda era preciso que *algo* se modificasse em mim. Esse algo devia permitir-me atingir outro nível de entrega. Se conseguisse instalá-lo na minha alma, eu sentia – por intuição – que minha capacidade de investigar o Tempo ainda se acharia afinada. Sabia também que era preciso que eu afastasse de mim qualquer expectativa, por mais sutil e dissimulada que fosse.

Assim, pareceu-me que nem sequer era concebível que eu deixasse instalar-se no meu mental a idéia de sucesso ou de fracasso. O que eu estava sendo, talvez, convidado a encontrar e viver não podia coabitar com a menor noção de desafio. Só a nudez do coração me daria asas e, conseqüentemente, um olhar mais meticuloso.

Precisei de duas longas noites de isolamento para, finalmente, apertar o disparador que ia polir melhor a objetiva da minha câmera...

Assim que deixei meu corpo e as primeiras manifestações do oceano akáshico surgiram diante de mim como habitualmente, vi-me diante de dois fachos de luz. Aliás, seriam mesmo fachos? Lembro-me de ter pensado em vapores dourados ondulantes. Um e outro, à direita e à esquerda, mostravam-se tão presentes e móveis que compreendi que estavam vivos...

Sim, não me era possível duvidar que se tratava de dois Seres, no sentido pleno do termo, e que estavam à minha espera, como pilares anunciando o umbral de um templo. Ambos me pareciam assustadores e atraentes ao mesmo tempo, como amantes cuja aproximação fizesse nascer a necessidade de uma fusão, doce e, no entanto, sufocante.

Uma força em mim obrigou-me, então, a dar uma espécie de passo à frente e imediatamente me senti sondado no mais íntimo da minha alma. Em termos atuais, diria que os fachos tinham ficado parecidos com um verdadeiro *scanner* que procurava penetrar em todos os recônditos da minha realidade fundamental. Meu coração fora dividido em partes e minha memória visitada no que até eu ignorava dela... Principalmente no que eu ignorava dela!

A prova pareceu-me longa e quase insuportável, a ponto de fazer com que sentisse necessidade de reunir-me à minha carne, num ponto qualquer da Terra. No entanto, era... tarde demais. Eu estava lá, de certo modo em parte alguma do universo, e sabia que não podia esquivar-me. Não havia erro... minha alma tinha sido autopsiada a vivo.

Tão logo aceitei isso, meu pensamento ficou suspenso, ao mesmo tempo que toda apreensão e toda fascinação desapareceram. Um frio intenso invadiu-me, imediatamente seguido por um estado de profunda alegria... Será que poderia dizer de beatitude?

O que predominava dentro desse estado era uma sensação,

ou melhor, uma certeza, a certeza de estar profundamente em paz comigo mesmo, reconciliado com todas as minhas facetas. Sentia-me renovado, como uma gota de orvalho num escrínio de eternidade, prestes a tudo ver, a tudo entender, a tudo compreender, muito forte e incrivelmente frágil ao mesmo tempo.

Foi então que uma espécie de aspiração para a frente me levou e me fez atravessar o umbral sugerido pelos dois grandes fachos que continuavam imóveis e mais radiantes do que nunca. Uma rede de filamentos meio dourados, meio prateados, revelou-se então, e pareceu-me que estava caindo numa voragem sem fundo.

De repente, percebi uma bolha de Silêncio surgindo no próprio seio do silêncio... Assisti a uma explosão de luz... e a presença integral de um passado distante começou a envolver-me.

Prova ou convite?

Quando voltei dessa experiência que durou quase três horas do tempo terrestre, tive a convicção de não estar mais realmente encarnado. Durante alguns dias, vivi com a impressão pouco confortável de ter-me esgueirado através do buraco de uma agulha. Tinha consciência de que fora alvo de um grande privilégio, sabendo, porém, que nada do que isso subentendia era definitivo e que tudo poderia ser incessantemente questionado.

Para guiar-me mais profundamente no labirinto da Memória do Tempo, tive que abrir bem meu verdadeiro passaporte d'alma; dois Seres o tinham percorrido com seu olhar amante, mas terrivelmente exigente e, definitivamente, eu nunca mais voltaria a ser o mesmo...

Ainda hoje, é claro, guardo bem viva em mim a lembrança daquelas horas de transformação. Tento sempre compreender-lhes as particularidades e o sentido. Tento também identificar melhor as duas Presenças de Luz que carimbaram minha alma com uma espécie de visto vibratório.

Guardiães do Umbral fazem parte de todas as Tradições

Anais do Akasha 87

iniciáticas. Na maioria das experiências místicas, afirma-se que esses Guardiães não passam de projeções de certos aspectos de nós mesmos, projeções muitas vezes aterradoras e expressões de um mecanismo que visa a testar-nos, tanto com relação à nossa pureza interior como quanto à nossa força d'alma.

Devo dizer que tive oportunidade de encontrar tais Guardiães. No caso da experiência que acabei de narrar, sempre me pareceu evidente, no entanto, que não se tratava, indiscutivelmente, da mesma coisa. Pura e simplesmente vi-me diante de dois grandes Seres de Luz, ou, pelo menos, diante do que permitiam que se visse da sua Presença. Na verdade, enquanto durou a viagem, nunca tive a sensação de estar sendo confrontado comigo mesmo, nem colocado diante de escolhas dolorosas ou, ainda, atraído por falsos Sóis ou sombras luminosas, como no caso das experiências energéticas de confrontação com facetas desconhecidas da nossa alma.

Ao contrário, embora houvesse algo que podia ser assustador nas duas Presenças que me escrutavam, o que predominava era uma sensação de acolhimento mesclada de Amor. Tratava-se de um amor despido de qualquer afetividade, muito além do que pode ser vivido e oferecido de uma pessoa a outra. Realmente, nada havia de humano no sentido terrestre do termo. Era inexorável, uma vez que a chave que se propunha a entregar-me exigia uma determinada característica vibratória da minha parte no umbral da Porta.

A chave

Hoje compreendi que, por ocasião de tais experiências místicas, a entrega de uma chave não depende do que poderia parecer boa vontade de algumas Entidades de Luz, mas do estado de quem a recebe, estado que lhe permita sintonizar-se com o uso da chave em questão.

Não se trata, evidentemente, de uma chave simbólica, mesmo que esta possa manifestar-se como tal através da aparição do seu arquétipo. Trata-se de uma chave energética, de uma espécie de código de acesso que quem é convidado a transpor o Portal do Tempo é capaz – ou não – de integrar à sua própria estrutura sutil.

Observe-se que não falo aqui de passar por uma prova, mas de um convite. No meu caso pessoal, jamais precisei pedir para transpor um umbral de acesso a uma penetração cada vez mais aguda do Akasha. Simplesmente adivinhei essa possibilidade e sua iminência em mim. Não afirmo que seja inapropriado formular um pedido, mas é preciso estar consciente de que, a esse nível de expectativa, o menor desejo pessoal pode transformar-se num obstáculo.

Como já disse um pouco antes, uma entrega absoluta não é apenas desejável, ela é inevitável, incontornável. Infelizmente, não a decidimos por um trabalho da vontade; ela se instala por si mesma, em certos *instantes de graça*, no curso de uma longa e paciente busca.

Não é por acaso, nem por modismo, que os termos "código" e "senha" estão atualmente cada vez mais em uso na nossa sociedade. O desenvolvimento da tecnologia, seja em matéria informática ou em domínios como o da genética, nos permite compreender melhor que nosso universo é constituído de uma infinidade de microuniversos que funcionam segundo sua lógica interna, e que não podemos pensar em penetrar na sua estrutura se desconhecermos o código que permite correr o ferrolho da porta.

Não posso deixar de pensar aqui em certos arquivos informáticos cuja abertura só é viável quando se possui um software adequado, isto é, um decodificador-leitor. Um código de acesso significa o domínio de um vocabulário, de uma linguagem limitada a uma esfera específica e não a outra. No caso de uma verdadeira leitura dos Anais akáshicos, poderia dizer que se trata, analogicamente, da mesma coisa. Se, por uma infinidade de razões, nossa alma não possui *uma espécie de senha escrita na sua própria estrutura genética*, ela jamais transporá um certo Portal.

Isso, acredite, não significa que a presença de tal senha em determinada pessoa faça dela, necessariamente, um ser "superior". Mostra, principalmente, uma diferença, a existência de um sinal particular que se manifesta na sua alma a fim de que esta realize um trabalho específico. Este sinal, por si só, não é mais extraordinário do que o sinal que marca um matemático de talento ou um artista de valor. Ele fala da orientação de uma alma num caminho de vida claramente definido. Antes de mais nada ele é, portanto, um instrumento. O valor desse instrumento nada significa em termos absolutos; só se mede diante dos frutos que dele nascem progressivamente.

Não é espantoso e engraçado constatar que é o tempo que passa que permite determinar se uma alma é capaz de fazer malabarismos com o espaço-tempo ou se, ao contrário, ela se deixa prender na sua teia de aranha?

Parece-me, pois, importante ter consciência de que o fato de ser detentor de um código de acesso à Memória akáshica não protege contra eventuais derrapagens da personalidade. No domínio que mais nos preocupa, a menor chave que nos é estendida é inevitavelmente instrumento de um teste permanente.

Estas poucas considerações ainda não nos permitem especificar, se não a identidade, pelo menos a natureza das duas Presenças de Luz mencionadas no relato da minha experiência. Só depois de numerosas investigações fora do corpo e de ensinamentos recebidos de modo não convencional é que hoje atrevo-me a dar algumas informações a respeito deles, sabendo, no entanto, que essas informações podem apenas ser a tradução, a adaptação terrestre de uma verdade que está infinitamente além de nós.

Os Senhores da Chama

Eis, então, o que me foi dado compreender: os dois fachos de Luz que ocupam o posto de Guardiães do Umbral dos Anais do Akasha seriam, na verdade, as manifestações captáveis pela alma humana de dois Espíritos coletivos.

Em certas Tradições, esses Espíritos são chamados Senhores da Chama. Transposta para o vocabulário judaico-cristão, essa denominação aplica-se aos Tronos. Os Tronos, lembremo-nos, são os grandes Seres – como os Serafins, os Arcanjos e os Anjos, para citar só alguns – oriundos de uma Onda de Vida bem anterior à nossa.[1] Quando afirmo que são Espíritos coletivos, significa que se trata de Espíritos que se fundiram, isto é, que encetaram – há Tempos impossíveis de conceber – seu processo de reintegração na Consciência divina. Embora jamais tenham conhecido a individualização que faz parte do nosso tipo de Criação, os Tronos, como nós, estão a caminho, rumo à Presença indefinível de Deus. Por isso, exatamente como nós, estão encarregados de uma missão que visa a prolongar e aperfeiçoar a Criação. Sua morada situa-se numa esfera precisa do Akasha, a Quinta.[2]

Antes de voltar a esta noção, convido-o a reportar-se a algumas palavras que se acham no final do relato da experiência que me pôs em contato com essas Presenças. Relembremos... evoquei rapidamente a percepção de uma rede de filamentos meio dourados, meio prateados...

A manutenção dessa rede seria responsabilidade dos Tronos ou – se preferirmos – dos Senhores da Chama. Quanto aos filamentos que a constituem, seriam análogos aos prolongamentos de certas células, desempenhando o papel de neurônios na Consciência divina. É claro, trata-se de uma analogia audaciosa e meio caricatural, considerando-se o fato de que a esse nível de Realidade ainda não há qualquer conceito exato presente na Terra.

A explicação que dou aqui apenas pretende ser uma tentativa de abordagem, um esboço e uma fase de reflexão. Pode-se achar estranho que eu insista quanto ao princípio de analogia, mas reportemo-nos à meditação sugerida por estas palavras muito bem conhecidas: "Deus fez o homem à sua imagem..." e "O que está em cima é igual ao que está embaixo".[3]

1 Ver *Comment dieu devint Dieu*, do mesmo autor, págs. 88 a 90, ed. Le Perséa.
2 A Quinta partindo de "baixo", isto é, da mais "jovem", ou densa.
3 Palavras extraídas do Antigo Testamento, depois de *Tabua de Esmeralda*, de

Anais do Akasha

Os neurônios divinos

Voltando aos filamentos meio dourados, meio prateados que percebi claramente uma vez transposto o Portal akáshico, creio compreender que é na rede sagrada formada por eles que a consciência se move para ir de um "neurônio divino" a outro. Cada um desses neurônios seria por si só uma espécie de arquivo incomensurável.

Nada impede que se pense que esses neurônios se reagrupem em função dos tipos de memórias que neles estão registradas, segundo um princípio análogo ao que faz com que determinadas zonas do cérebro sejam especializadas num domínio específico. Haveria, então, reagrupamentos de neurônios centralizando todas as informações para tal período de tal onda de Criação, tal lugar, tal povo etc....

Quando minha consciência, fora do corpo, se focaliza num momento preciso da nossa História, em dado lugar e numa personalidade distinta, é porque uma chave que há nela lhe permite reconhecer o neurônio divino no seio do qual tudo isso está gravado.

Conseqüentemente, isso significa que preciso de um outro código de acesso além do que me permite transpor o Umbral balizado pelos Senhores da Chama. *Quem* pode inscrever na minha alma tal passe vibratório, a não ser esses mesmos guardiães?

Levando a reflexão um pouco mais adiante, é preciso entender que não basta estar habilitado a transpor o grande Portal dos Anais akáshicos para ter acesso a uma informação qualquer a respeito de um determinado período ou relativo a uma individualidade.

Todos os arquivos estão protegidos. Precisa-se ter uma boa e verdadeira razão para poder consultá-los, isto é, para integrar em si a vibração que os abrirá.

Compreende-se então melhor que nunca se pode mergulhar nos verdadeiros Anais do Tempo por simples curiosidade e não

Hermes Trismegisto.

estando encarregado de uma função bem precisa. É necessário que a finalidade seja justa, isto é, que corresponda a uma necessidade.

Essa necessidade pode ser o progresso de uma alma ou a maturação de um grupo de almas, de uma sociedade, por exemplo.

Acima do bem e do mal

Às vezes, uma ou outra pessoa me escreve sugerindo-me que investigue a Memória akáshica de uma época ou de um acontecimento particular que lhe parece importante. Necessariamente, minha resposta é sempre a mesma: Se é correto cumprir essa tarefa, isso me será claramente indicado por minha consciência superior, em conformidade com os Guardiães do Umbral akáshico.

Sei, por experiência própria, que não basta querer mergulhar num "ponto preciso" da Memória do Tempo para chegar lá. Atender a um pedido para "agradar", por curiosidade ou, evidentemente, com um objetivo mercantil, priva-nos da senha vibratória exigida por uma verdadeira leitura. Quando muito, se chegaria ao espelho deformante do Éter.

E isso não porque "não é certo" segundo os critérios da nossa moral. É porque a falta de correção da busca "dessintoniza" a alma do itinerário que deveria seguir se respeitasse a lógica inscrita na lei de harmonia e de necessidade.

Compreendamos, também, que os Guardiães do Umbral não reagem em função da nossa visão humana do Bem e do Mal. Eles se situam além da dualidade, sem a menor reação emocional ou afetiva.

O que nos parece ser uma investigação positiva pode, eventualmente, revelar-se nocivo segundo eles, devido à altitude em que se encontram. *O mundo deles é o mundo do Serviço à Força do Amor na sua exatidão absoluta.*

Assim, portanto, se não é certo liberar determinada informação em dado momento, ou se não é coerente que seja divulgada por uma determinada pessoa, tal não acontecerá, ou só acontecerá em parte. Há um tempo para tudo e cada qual tem nele seu papel.

Anais do Akasha

Os Guardiães do Umbral dos Anais não estão de modo algum no discernimento, mas na percepção constante de uma lógica matemática que é sagrada, pois corresponde a uma Intenção divina precisa. Eles vivem, não nos esqueçamos, em pleno coração do elemento Akasha, isto é, no Espírito dessa Força, ou desse Campo de Energia, a que chamamos Deus.

A propósito disso, é-me possível precisar que o Akasha, como elemento constitutivo fundamental da nossa atual Onda de Vida, compõe-se de sete esferas.[4] É praticamente impossível falar delas sem perder-se em noções extremamente abstratas. Sua enumeração, aliás, seria estéril na medida em que cultivaria conceitos voltados unicamente para o intelecto, o que não é propósito desta obra.

Minha intenção é, antes, fazer com que se sinta aqui a maravilhosa organização de Universo, deslindando-lhe a estrutura do modo mais simples possível.

Além do mais, toda classificação tem sua origem num sistema de pensamento que visa a tornar mais compreensível ao humano o que não é humano, mas divino... Nesse sentido, ela sempre manifesta um aspecto de subjetividade e só se deve abordá-la como um fio de Ariadne ao qual se agarrar para não extraviar-se. Nada mais...

Voltando aos dois Guardiães do Umbral da "filmoteca" akáshica, é bem difícil falar da sua identidade em termos mais precisos do que os que já utilizei. E isso não só porque se trata de Espíritos coletivos ou fundidos, mas porque saíram de uma Onda de Vida tão anterior à nossa e, conseqüentemente, tão próxima da Fonte Primeira de nosso tipo de universo, que nada do que conhecemos pode realmente defini-los.

O Akasha e o Verbo primordial

Entre as poucas informações que me foram comunicadas a respeito deles, a que se segue me parece ser importante relati-

---

[4] Exatamente como o mundo material que, lembremo-nos, é constituído de três estados visíveis (sólido, líquido e gasoso) e de quatro outros no Éter.

vamente ao tema que aqui nos importa.

Os Senhores da Chama, em conjunto, foram atores da primeira hora da Criação a que nós pertencemos. Com a Divindade suprema, bem como com outros grandes Espíritos, são co-autores dela.[5] Um dos seus papéis teria sido implantar em todo ser animado o germe do sentido da audição. Quando se sabe qual é a importância do Som no Princípio Criador, pode-se imaginar o papel fundamental que eles desempenham e continuam desempenhando necessariamente. O Som primordial não é o Verbo, do qual tudo se originou no universo manifestado?

Quando fui confrontado com essas informações há alguns anos, apliquei-me, em várias ocasiões, a interpretar o mais fielmente possível o que acontecia no exato momento em que um filme do passado me era revelado.

Evidentemente, era o aspecto visual do fenômeno que sempre me captava a atenção com mais intensidade. Mas falei também do seu lado tátil, ao mencionar o contato do solo pela planta dos pés através do Tempo.

Uma análise mais apurada da situação, entretanto, me fez descobrir que, no micro instante que precedia essas percepções, uma outra se manifestava. Quero dizer que, na verdade, o sentido da audição é o primeiro a despertar por ocasião de uma experiência de leitura temporal. Sua primazia, porém, dura tão pouco que logo se apaga diante da invasão das outras percepções. A essência da Memória da Eternidade gravada no Akasha seria, pois, em primeiro lugar, de natureza sonora, antes de exprimir-se de modo mais espetacular sob a forma de imagens. Pergunto-me, aliás, se a noção de espetacular não é puramente subjetiva, por ser característica, de modo predominante, do nosso grau de evolução.

Por que não conceber universos onde o som dominasse, ou então o tato, o olfato e até mesmo o paladar?

---

5 Com toda evidência, não por "privilégio", mas por serem resultantes de um "Manvantara" ou período de manifestação cósmica anterior ao nosso. Ver *O Sublime Peregrino*, Ramatís / Hercílio Maes, **EDITORA DO CONHECIMENTO**, capítulo 4 "Considerações sobre o 'Grande Plano' e o 'Calendário Sideral'". (Nota do editor)

Mais do que qualquer outra, uma informação confortou-me nessa reflexão. Por ocasião de uma experiência mística muito intensa, foi-me dito que Seres que vivem nas esferas superiores do Akasha não possuem olhos, no sentido em que os concebemos.

Estando bem próximos do Som primeiro, "veriam" estritamente por intermédio de "vibrações sonoras". Tudo que existe numa esfera de vida qualquer emite, realmente, uma sonoridade precisa. São essas sonoridades que, uma vez decodificadas, lhes fornecerão imagens sem que tenham necessidade de olhos no sentido comum do termo. Seu universo seria então feito de imagens sonoras... e porque não também de odores sonoros, de toques sonoros ou olfativos, e assim por diante?

A vida, tal como a conhecemos, evidentemente é apenas um dos modelos, entre uma infinidade de outros possíveis, segundo os quais a grande Vida, a do Divino, se expande e se inventa continuamente através da Eternidade.

Capítulo 6
Alguns passos no vazio

A virtualidade das vidas e do tempo
A percepção do Presente

É incontestável que após tantos anos de investigação na Memória do Tempo uma questão veio suplantar em mim todas as outras. É a da Realidade...

Na verdade, quando se compreendeu que a alma pode adotar uma infinidade de formas e caminhos para viajar além do seu invólucro e do seu contexto físicos, quando também se percebeu que ela podia fazer malabarismos com o espaço-tempo, não se pode deixar de perguntar legitimamente: "Que é verdadeiro?", ou melhor, "Que é real?"

De fato, se o "verdadeiro" pode evoluir em função dos níveis de consciência, quanto ao Real, pode-se concebê-lo como um ponto de ancoragem último no Absoluto, diretamente saído da Consciência de Deus.

Então, o Real será este presente no qual estou enquanto penso e ajo. Ou este presente será apenas uma percepção ilusória, só uma faceta entre milhares de outras saídas de uma Realidade cuja vastidão nos é impossível suspeitar?

Claro, a interrogação não é nova. Todos os pensadores, de

todas as Tradições e culturas, um depois do outro, também esbarraram nela.

Pessoalmente, não é filosoficamente que gostaria de abordá-la aqui, mas como pesquisador... e também como pessoa humana maravilhada com a vastidão de tudo que existe.

Assim, não é à engrenagem de uma pura reflexão intelectual que pretendo induzir-vos, mas a uma experiência, a da carícia sutil, doce e vertiginosa do Infinito.

Para tanto, só precisamos, juntos, largar mais uma vez o anteparo das nossas certezas e ousar subir em nós, quase até ao teto do nosso ser, ali onde o horizonte começa verdadeiramente a recuar.

O que sempre me assombrou, durante um mergulho no coração do Tempo, foi o lado concreto, intenso e, portanto, profundamente autêntico de tudo o que lá descobria: o mundo, os indivíduos que encontrava, a personalidade que eu mesmo assumia eventualmente, em resumo, tudo que constitui a vida...

Toda vez que repito a experiência, não cesso de me dizer que, fundamentalmente, não há razão para que me ache mais vivo no século XXI do que em qualquer outra época que me seja dado investigar.

A título de exemplo, se minha alma vê pelos olhos de Nagar-Têth, na época do faraó Akhenaton, ela assume integralmente sua personalidade, ela é ele. Vive nele, no seu tempo presente, com toda a intensidade que isso implica. Certamente, continua em mim a sensação de quem eu sou no século XXI... No entanto, essa percepção é comparável a uma espécie de lembrança. Uma lembrança que pode ser neutra, reconfortante ou, ainda, embaraçosa, conforme o caso. Como se pode ver, isso tanto pode ser maravilhoso como terrivelmente pesado.

Confesso que às vezes disse a mim mesmo: "Vou ficar aqui..." Será que haveria possibilidade de não me reintegrar à minha personalidade atual? A questão fica colocada. Na verdade, parece-me cada vez mais evidente que uma personalidade é em tudo semelhante a uma máscara transitória, uma máscara animada por uma Consciência que, ela sim, é intemporal e pode ultrapassar as épocas. Não há, nisso, algo que faça com que muitos psiquiatras carreguem o cenho? Imagino que sim... Em resumo, é a questão da onipresença da nossa Consciência através da Eternidade que é posta em evidência. Compreender-se-á que falo da consciência no sentido superior e maiúsculo do termo. Trata-se da raiz de *quem* somos nós, raiz que, sob essa ótica, puxaria simultaneamente através das Eras os fios de um determinado número de marionetes, com as quais nos identificamos, por ignorância, por falta de elevação e, definitivamente, por medo.

A roda das vidas

Como já o disse, ao lembrar um dos ensinamentos recebidos da boca de Mayan-Hotep,[1] conselheiro de Akhenaton, a consciência última de cada ser – ou, ainda, seu espírito situado muito além do mundo da alma – pode ser comparada ao eixo de uma roda.

Esse eixo está, evidentemente, fixo na Onda de Vida de onde é oriundo, enquanto cada um dos raios que dele saem para formar a roda em questão representa uma existência. Tal roda, conseqüentemente, compõe-se de uma infinidade de raios, cujo número corresponde ao número exato de vezes em que o espírito, girando sobre si mesmo, quis projetar-se além do seu espaço, criando assim a dimensão temporal que conhecemos.

Segundo essa concepção, ou essa analogia, a sensação do Tempo presente que cada um de nós experimenta quando assume uma personalidade encarnada resulta do alinhamento da sua alma com o ângulo do olhar adotado por seu espírito.

Dito de outra forma, o fato de termos a sensação de viver numa época e não em outra e num corpo e não em outro seria devido à sincronização existente entre nossa consciência inferior que se desloca sobre um dos raios da roda e seu eixo, nosso espírito. Por extensão, isso significaria que cada uma das nos-

---

1 Ver *A Morada do Filho do Sol*, do mesmo autor, **EDITORA DO CONHECIMENTO**.

sas vidas, que chamamos vidas passadas, continuaria a existir na dimensão do Tempo como um dos raios da roda gerada por nosso espírito. Cada vez que nossa alma reencarnasse, ela serviria, então, de intérprete ao nosso espírito, revelando-lhe um raio a mais em sua roda...

Quando se vê dessa forma o desenvolvimento da Vida e da consciência de estar no meio dela, pode-se começar a compreender que a dimensão espaço-temporal, tal como a vivemos, é de ordem virtual. Quero dizer que ela se revela efetivamente como uma projeção, uma criação, do nosso espírito fora da sua realidade mais pura, próximo de Deus. Por que todo espírito sentiria necessidade de "inventar" o Tempo, criando "raios de vida" a partir do seu eixo? Para crescer, ou seja, para experimentar seu potencial divino, para aproximar-se da sua Essência que reclama a expansão e a criação, para manter simultaneamente, por suas experiências, a Força sem nome da qual se originou.[2]

Segundo esse postulado, baseado em analogias, o Tempo, tal como o percebemos com sua linearidade, outra coisa não seria senão um instrumento a serviço da progressão do espírito, espírito individual de cada um de nós e espírito global da nossa espécie participando de Realidade divina.

A essência do Ser no centro do Tempo

Se compreendemos bem isso, então compreendemos melhor por que todas as grandes correntes espirituais e todos os grandes místicos falam da necessidade, para o ser humano, de juntar-se com sua essência pela superação das contingências ligadas ao Eu, ou seja, aos mundos mantidos pela alma-personalidade encarnada. O universo dessa essência, de onde procede cada eixo de cada roda, seria o de um Presente expandido, absoluto, de uma felicidade cujo único objetivo é expandir-se mais.

A criação dos mundos virtuais, assim como a do Tempo linear, estão a seu serviço. Se percebemos nosso mundo e seu

2 Ver, a esse respeito, *Comment dieu devint Dieus*, do mesmo autor, Ed. Le Perséa.

espaço-tempo como obstáculos à realização íntima por nossa reintegração nele, é por falta de informação e de elevação. É sua ignorância, e o medo que dela resulta automaticamente, que criam o obstáculo da estagnação, isto é, a sujeição a uma pseudo-realidade.

Nessa ótica, consultar os verdadeiros Anais akáshicos resume-se, então, a compulsar os arquivos armazenados num espaço que é o do Ser interior, ou que está em estreita ligação com ele. Tal busca, se for autêntica, incita necessariamente a partir para a investigação de *quem* somos nós fundamentalmente, já que cada arquivo consultado fornece apenas uma visão muito parcial, passageira e, portanto, ilusória do que existe.

Quando tenho oportunidade de expressar tal percepção das coisas, é comum me responderem: "Acredito" ou "Não acredito". No entanto, não se trata de crer ou não crer. O que faz de nós o que pensamos ser no momento presente é apenas fruto de uma série de condicionamentos oriundos da nossa cultura de base, da nossa raça, dos nossos pais, do nosso patrimônio genético e, enfim, do *que imaginamos ser nossa liberdade de pensamento*.

Quer estejamos mais ou menos mergulhados na ilusão e na dependência, tudo isso faz parte do jogo de encenação orquestrado por nosso íntimo... sedento de realizar-se cada vez mais através de instrumentos próprios, sendo o espaço-tempo o mais determinante entre eles.

Algumas vezes sucedeu-me encontrar mulheres ou homens sofrendo, segundo a expressão consagrada, de graves distúrbios de personalidade. Muitos deles eram seres claramente muito sensíveis, tendo vivido contatos espontâneos com outras dimensões do nosso universo. Na realidade, tinham tido experiências supra-sensoriais que fizeram aflorar neles uma ou duas tomadas de consciência de natureza mística. Entregues a si mesmos, ou mal aconselhados, tinham "embaralhado" alguns dos "raios" de suas vidas passadas. Diferentes personalidades, e portanto diferentes níveis de percepção da vida, encontravam-se neles, freqüentemente opondo-se uns aos outros, fazendo deles seres insociáveis e, principalmente, sentindo-se mal na própria alma.

Este é o perigo que espreita todo investigador imprudente ou presunçoso, bem como toda pessoa hipersensível entregue a si mesma. Eles acabam por viver simultaneamente não apenas em diferentes "pontos" do Tempo, mas também em diferentes estratos vibratórios do nosso universo. Sua consciência em estado de vigília salta, regularmente e com freqüência, de modo aleatório, de um "canal de vida" a outro, exatamente como passaríamos, sem querer, de um canal de televisão a outro.

Isso pode explicar alguns casos de esquizofrenia. A alma que está às voltas com essa espécie de distúrbio capta informações provenientes, em primeiro lugar, de mundos paralelos ao nosso e, em segundo lugar, de outras "regiões temporais" cuja via de acesso, a memória, situa-se no seu ser mais profundo, no seu átomo-permanente.

Existe aí, no meu entender, um imenso terreno de pesquisa a ser capinado, que exigiria conjugação de esforços psiquiatras de mente aberta e de místicos livres de qualquer vínculo religioso.

Redefinir o racional

No dia em que nossa humanidade resolver considerar a possibilidade de que nosso tipo de universo – portanto, de que nossa faceta da realidade e a percepção do Tempo que daí decorre – é de ordem virtual, será um dia de grande Despertar.

Não me incluo entre os que acham que a espécie humana, na sua totalidade, não está preparada para abordar esse tipo de reflexão, sob pretexto de que ela é demasiado abstrata e capaz de desestabilizar-se. Basta que se veja como, através do mundo, multidões de pessoas, independentemente do seu nível de cultura, das suas crenças e da sua capacidade de abstração, em dois decênios apenas, vêm conseguindo lidar com os conceitos da informática e da rede da Internet, cujas manifestações são cada vez mais claramente virtuais.

Se a crença em Deus e nos mundos do Espírito ainda hoje é o que é, ou seja, se geralmente se expressa de modo muito pueril e imutável, isso se deve mais ao interesse de uma certa vontade político-religiosa do que à incapacidade da população terrestre de "voar mais alto".

Quando, por pouco que seja, se viajou através do mundo fora das trilhas turísticas, constata-se algo espantoso: a partir do momento em que se ouve as populações ditas primitivas, ou mesmo simplesmente os povos menos instruídos, constata-se sua facilidade em conviver com os conceitos de espaço-tempo e com os universos paralelos ao nosso. O que chamamos abstrato, imaginário ou virtual para eles é concreto e, portanto, real. Faz parte da sua esfera de consciência muito logicamente. É certo que o mental desses povos, menos atravancado do que o nosso, aceita facilmente noções que nos parecem complexas e pouco claras. Na realidade, rejeitamos essas noções porque elas fazem ruir os pontos de referência do nosso horizonte habitual. Embora não o percebamos, elas nos assustam.

Não se trata de exaltar o irracional, mas de redefinir o que é racional, ou seja, coerente. Quanto a mim, parece-me que irracional é estabelecer limites aos horizontes da Vida, isto é, à definição e à expansão da Vida. Irracional é vedar ou borrar as pistas de reflexão e de experimentação, ou, ainda, relegar ao ostracismo iniciativas que ousem transpor a linha de demarcação do que é "correto" pensar.

A hipótese da simultaneidade

Voltando à noção do Tempo, devo dizer que minhas próprias experiências me incitam a afirmar, com uma convicção cada vez maior, que quanto mais se tenta penetrar-lhe a natureza, mais se percebe que o Tempo é, sem dúvida, um dos principais véus que se deve afastar para aproximar-se do Divino.

Hoje, mais do que antigamente, uma sensação que é ao mesmo tempo uma espécie de certeza íntima invade meu ser enquanto viajo ao coração do Akasha. Uma e outra me falam de simultaneidade.

O estado de expansão em que minha consciência se acha

imersa enquanto dura o fenômeno me faz, realmente, perceber todas as épocas do Tempo como sendo simultâneas. Nada de concreto, é claro, me permite afirmar isso. Trata-se de uma sensação profunda, dessas que é impossível impedir à força de argumentos, uma sensação vivida somente por homens e mulheres que não receiam deixar-se tocar intimamente pelo Sagrado.

Certamente, pode-se falar aqui de subjetividade... Tenho consciência disso mas aceito o risco porque, quando a alma vive uma experiência que a aproxima do Divino, mais do que nunca ela sente, no íntimo, a natureza do que É, sem ter necessidade de prová-lo.

Assim como nosso intelecto é um utensílio indispensável ao nosso progresso, ele também é capaz de transformar-se num obstáculo, pelo reflexo que o leva a querer quantificar tudo dentro de um perímetro limitado.

Portanto, no momento em que escrevo estas linhas, tenho a convicção de existir, pensar e agir ao mesmo tempo em outros mundos, em outros lugares e em outras épocas, embora sabendo muito bem que a razão – pelo menos a que temos aqui e no momento presente – se oponha a isso.

Estabelecido esse princípio de simultaneidade como base de reflexão e de meditação, chegamos naturalmente a perguntar-nos se pode haver interação entre as épocas e as vidas. Em outras palavras, um "raio de vida" pode afetar um outro? Um comprimento de onda pode esbarrar em outro? Podem ocorrer encontros de ondas como acontece às vezes em emissões radiofônicas? Já abordei parcialmente esta questão ao falar de alguns casos de desordem mental, mas, sem dúvida, seria interessante levar mais adiante esta reflexão.

Duas histórias para meditar

Eis aqui dois casos que mostram com clareza a "porosidade" do espaço-tempo.

Foi há uns dez anos mais ou menos. Uma série de acontecimentos fez com que, involuntariamente, mergulhasse nos Anais. Um verdadeiro fio condutor levou-me através do Akasha para fazer-me descobrir, embora parcialmente, uma das minhas existências passadas. Seu conteúdo pouco importa. Simplesmente diria que transcorreu por volta dos primeiros séculos da nossa Era, na época merovíngia.

As cenas que revivi intensamente naquele dia levaram-me a um campo de batalha, entre gritos, espadas, machados, lama e sangue. Revi-me também após o combate, totalmente extenuado, arrastando-me num chão arenoso, diante de uma tenda de pele que devia ser minha.

A última imagem e última sensação tátil que trazia comigo dessa exploração penosa através do véu do Tempo era a da minha mão direita enterrando-se nervosamente na areia. A emoção e o esgotamento eram tão intensos que minha viagem se interrompeu aí por si mesma, e quase de repente vi-me outra vez deitado na cama que servia de base à minha experiência.

Meus músculos estavam incrivelmente crispados, como se a tensão registrada por minha consciência fora do meu corpo se tivesse transmitido a ele. No entanto, o que é significativo não é o fato em si, porque todos sabem que um simples sonho impressionante às vezes provoca o mesmo efeito. Não, o que se revelou extraordinário foi a peculiar crispação da minha mão direita. Quando recobrei a consciência, ela resistiu ainda uns trinta segundos ao meu desejo de relaxar.

Quando, finalmente, meu punho conseguiu abrir-se, qual não foi meu espanto ao descobrir um pouco de areia na palma da minha mão e sob as unhas...

Como é que aquela areia fora parar ali? Seria concebível que tivesse conseguido atravessar o espaço-tempo seguindo um itinerário igual ao da minha alma? A emoção sentida por minha alma a teria aspirado? Diante de um fenômeno como esse, todas as hipóteses são permitidas. Todas, exceto as de um acaso, de um delírio ou de um sonho. Quando vivemos algo assim, sabemos que o vivemos!

É difícil deixar de pensar, sorrindo, numa espécie de "Porta das Estrelas" colocada na estrutura inteligente do nosso universo, permitindo pura e simplesmente navegar entre os mundos e as épocas e corroborando, assim, a hipótese da sua porosidade...

O segundo caso nos leva ao Museu do Louvre, no final dos anos oitenta. Estava diante de uma das vitrines dedicadas a reproduções de objetos antigos. A que atraía minha atenção exibia uns vinte anéis cujos originais, em sua maioria, datavam de alguns milhares de anos. Vendo meu interesse e minha admiração, minha companheira resolveu oferecer-me uma daquelas reproduções. Qual? Fiquei sem saber o que responder. Que ela mesma escolhesse, seria surpresa... Depois eu veria se o anel serviria num dos meus dedos. Finalmente, quatro anéis préselecionados me foram propostos. Parece que ainda estou vendo a vendedora apanhando-os para colocá-los em cima do balcão de vidro. Ela não tinha concluído o gesto e um deles caiu-lhe das mãos e veio rolando bem diante de mim. Era de prata e enfeitado com uma figura côncava que representava um leão alado. Parecia que tinha sido concebido para servir de sinete. Olhei os outros, mas não... meu olhar não desgrudava do que tinha "resolvido" rolar na minha direção. Além do mais, adaptava-se perfeitamente ao meu anular direito. É desnecessário dizer que, minutos depois, eu deixava o Louve com aquele presente inesperado. Não tinha a impressão de haver escolhido o que quer que fosse, mas, antes, de ter sido escolhido...

Alguns anos se passaram... e eis que começaram a surgir em mim lembranças de Nagar-Têth, sacerdote de Aton há mais ou menos três mil e quinhentos anos. Na pele desse homem, vi-me usando um anel em forma de sinete no anular direito. Exatamente o do Louvre, só que em ouro... Exigência do contexto faraônico! Tudo era idêntico: o mesmo leão esculpido em baixo-relevo, visto de perfil, com sua juba e suas asas abertas... Lembrei-me das informações dadas pela vendedora a respeito: "Trata-se de um sinete assírio de concepção egípcia. O original foi encontrado na Síria atual, em Ras-Sham-Ra, a antiga cidade de Urgarit." Ras-Sham-Ra! Eu estivera lá acidentalmente, vários anos antes, ignorando então tudo sobre Nagar-Têth, que terminara seus dias não muito longe da cidade.

Para completar, num breve relance do Destino, ou do Tempo, eu sabia, por tê-lo revivido através dos Anais, que Nagar-Têth tinha perdido seu anel pouco antes de deixar este mundo. Enquanto lavava as mãos na água de um cântaro, este caíra-lhe do dedo e rolara entre as rochas e a areia. Impossível encontrá-lo... Dir-se-ia que se volatizara.

É evidente que o anel que viera ao meu encontro – rolando num movimento inverso – três milênios e meio mais tarde, era apenas uma cópia do que outrora foi meu, mas isso não impede que sua presença provoque indagações.

Alguns símbolos, alguns objetos, ou cópias suas, nos seguem além do Tempo? Existem "peneiras" no espaço através das quais determinadas imagens ou formas às vezes passam? Com que propósito e ao sabor de que Vontade? Deus? Nossa consciência superior, que se atribui pontos de referência ou de encontro? A não ser que se trate apenas de incidentes devidos ao que chamei de deslizamentos de comprimento de onda.

É permitido considerar todas as possibilidades... mas não ficar indiferente, porque isso perturba. Tal atitude, infalivelmente, seria irracional...

A espiral das vidas

Para desenvolver essa reflexão, devo mencionar o que parece ser uma informação importante, que me foi transmitida recentemente sob a forma de uma imagem surgida diante dos olhos da minha alma quando acabava de sair da sua veste de carne.

Diante de mim, horizontalmente, havia uma roda luminosa com um eixo perfeitamente definido e uma infinidade de raios saindo dela. Imediatamente pensei na roda simbólica das vidas e do Tempo, tal como falei dela um pouco antes. Sua imagem, porém, não se mantinha fixa. O aro começou a estirar-se para o alto a fim de formar uma espiral em torno de um eixo que também se elevava. Vi-me, então, diante de uma espécie de escada

Anais do Akasha

helicoidal da qual cada degrau era, na verdade, um dos raios luminosos da roda inicial.

Ignoro como isso se produziu, mas, no instante que se seguiu a essa visão, vi-me começando a subir lentamente a escada em questão, como se apoiasse meus pés, um depois do outro, em cada degrau.

Distinguia-os facilmente. Pareciam barrotes de cristal translúcido e, cada vez que um deles surgia abaixo de mim, eu descobria vários outros sob ele, por transparência. Pareceu-me então evidente que cada degrau daquela escada helicoidal relacionava-se com todos os que se achavam exatamente abaixo dele.

Quando minha experiência terminou, imediatamente compreendi que o que acabava de viver era de ordem puramente virtual. De algum modo, eu tinha entrado numa mensagem simbólica. Decodificá-la não me foi difícil, porque a analogia era evidente.

A Presença de Luz que se dirigira a mim presenteando-me com aquela experiência procurava mostrar-me, claramente, que o Tempo, ou melhor, o espaço-tempo não anda à roda, ou seja, não é uma coisa acabada, como um círculo. Estender-se-ia como uma espiral ascendente em torno da consciência ou do espírito fazendo o papel de eixo.

Pela transparência dos degraus da escada, o símbolo tentava também ensinar-me que há vidas que estão em estreita correspondência com outras vidas. Elas se superpõem no espaço-tempo. Através delas pode-se perceber outras. Daí a pensar que informações possam circular entre elas basta um passo... no vazio ou, melhor dizendo, após ter feito explodir mais uma barreira mental.

Seria isso que "queriam" demonstrar-me os grãos de areia do meu primeiro relato? Minha tendência seria pensar que sim, mesmo que a analogia da escada não responda a uma porção de indagações... Que acontece com os degraus superiores, os degraus que parecem não ter sido ainda galgados? Já foram imaginados e vividos no seio de mundos virtuais engendrados por nosso espírito na sua busca de crescimento? De que modo as vidas que eles representam interferem entre si? Segundo que leis as miríades de espíritos... ou de degraus, ao evoluírem através do universo, se encontram para interpenetrar-se e influenciar-se mutuamente? Quanto a mim, creio que só uma imensa onda de Amor pelo Criador de todas essas espirais pode dar-nos uma resposta verdadeira. Essa onda amante, podemos ter certeza, não apelará para nossas faculdades intelectuais; virá tocar-nos em pleno coração, para aí completar a revolução.

Evidentemente, nada impede que tentemos compreender tudo isso, debruçando-nos um pouco sobre as interrogações que por si só se impõem. Não se trata de tentar obter respostas definitivas num domínio tão movediço como o do Tempo e da Eternidade. Simplesmente é justo aprofundar uma reflexão.

O que comumente chamamos "fé de carvoeiro" – fé ingênua – tem sua beleza devido à candura a que faz alusão... mas nada impede que seja ultrapassada, porque legitima a ignorância, terreno ideal em que as mentiras se semeiam e se nutrem.

O passado atual

Se levarmos em conta o símbolo da escada helicoidal de degraus translúcidos, a primeira pergunta que espontaneamente nos ocorre é esta: Que acontece com o degrau sobre o qual estamos, o que corresponde à nossa vida presente?

Uma vez que, por definição, o que já vivemos nela está gravado no elemento akáshico, seria possível reencontrar tudo com vários detalhes, como aconteceria com uma existência passada?

Diria que é possível, mas certamente não é fácil com o meu método de trabalho. Por quê? Por falta de distanciamento, porque quem quiser analisar seu "passado atual" não conseguirá manter-se neutro. Pode, sem percebê-lo, colocar entre ele e o filme que surge diante da sua consciência alguns filtros capazes de falsear sua percepção dos acontecimentos. Todos esses filtros são criados pelas barreiras de proteção e de justificação do ego, forçosamente envolvido com seu presente pelo que descobre.

Dito isto, não duvido que existam nesse domínio métodos que permitam investigar com alguma exatidão...[3] repito, porém, só quando isso se justifica, não por curiosidade. Uma memória profunda só se entrega verdadeiramente a alguém quando seu portal foi transposto harmoniosamente.

Se tal leitura da memória atual é viável, isso significa que também o degrau simbólico de que aqui se trata compõe-se de uma infinidade de raios contendo arquivos, permeáveis entre si.É nesses arquivos que um autêntico vidente irá então buscar suas informações, embora freqüentemente de modo anárquico.

Creio que todos compreenderão que, no caso da memória do "passado atual", só uma ótica terapêutica justifica a iniciativa. Mais do que nunca, trabalha-se aí com "matéria viva", o que longe está de ser uma diversão inócua.

Repito, operar uma brecha na sua memória é desnudar uma zona de si mesmo que, talvez, tivesse boas razões para ocultar-se. O esquecimento nem sempre é o empecilho que se supõe. Pode revelar-se uma legítima muralha de proteção, ou a expressão de um pudor que exige respeito... não eternamente, por certo, mas pelo menos até uma hora precisa, que só a sabedoria e a escuta interior permitem decifrar.

O futuro da Memória

E o futuro? Sua "memória" coletiva ou individual já existe inscrita no Akasha?

Situemo-nos por um instante sobre um degrau qualquer da escada simbólica que me foi mostrada, feita, evidentemente, de degraus translúcidos que existem dentro de nós e mesmo acima de nós... Isso significaria que, globalmente, nosso Futuro já estaria traçado na Eternidade?

Se fosse o caso, significaria que, vida após vida, tudo que faríamos seria relembrar – revivendo-os – os cenários de progressão inventados por nosso espírito através dos universos virtuais a fim de completar-lhes a Realização e participar,

---

3 O *rebirth*, praticado com competência e respeito, sem dúvida está entre eles.

assim, da Criação.

Ultimamente, e colocando-me o mais alto possível na extremidade da minha consciência, lá, onde as referências humanas se desagregam, não estou longe de acreditar nisso... embora lhe acrescente alguns tons atenuantes.

Uma visão tão radical das coisas subentenderia um determinismo absoluto e, portanto, desanimador. Seja o que for que façamos, tudo o que conseguiríamos seria encontrar os traços que nossa consciência superior, já perfeita em Deus, imaginou, com todas as alegrias e dores confundidas.

Acidentalmente, tal compreensão estagnada do universo e do Tempo pintaria um triste retrato da Divindade. Seríamos escravos de uma dinâmica extremamente regulamentada, no seio da qual o princípio da espiral *da* e *das* vidas não passaria de uma ilusão a mais.

O campo de Consciência do Próprio Deus, todo amor e, conseqüentemente todo Liberdade, ficaria completamente deturpado. O Divino seria apanhado na armadilha do determinismo acionada por ele mesmo. Então, nos debateríamos em meio a um supremo e infinito absurdo.

Todos que já viveram experiências intensas de natureza mística, experiências que língua alguma tem palavras para traduzir, sabem, intimamente, que o caso não pode ser esse. A alegria – talvez devesse dizer a "comunhão de felicidade" – que se sente por ocasião de tais acontecimentos é tão grande que o breve exercício de reflexão e de suposição que acabei de propor ao leitor parece absurdo.

É só isso... Há uns quinze anos, no entanto, foi-me afirmado por uma Presença de Luz que nosso espírito já estava realizado em sua perfeição no seio da Consciência divina... Como conciliar, então, a inefável experiência mística e a coerência de uma legítima reflexão? Partindo de uma abordagem *não preestabelecida* do que constitui os "materiais imemoriais" dos degraus da escada que estão adiante e acima de nós, ou seja, do aspecto movediço do que surge diante de nós como sendo o Futuro e, portanto, o próprio Futuro, que está constantemente em estado de modificação.

Aliás, esta abordagem reflete a própria lógica do que é a inevitável conseqüência do nosso livre-arbítrio, tanto individual como coletivo.

O esquema do que aparece hoje como nosso futuro pode ser diferente do que se apresentará amanhã de manhã, levando-se em consideração o que vier a ocorrer-nos até lá.

Na realidade, o que importa não é o que venha a ocorrer nesse lapso de tempo, já que sempre será a resultante matemática do que chamamos carma. O que conta é o tipo de comportamento, a atitude que tivermos e o tipo de decisão que tomarmos diante dos elementos que se apresentarem, mesmo os mais insignificantes.

São, pois, nossa força d'alma e nosso estado de espírito que constroem e modificam constantemente a trama do que nos aguarda, ou, em outras palavras, os arquivos de informações que constituem nosso Futuro.

As peregrinações que o constituirão só seriam captáveis, então, sob a forma de probabilidades que se sobrepõem permanentemente, em função da quantidade das nossas reações a cada instante de vida.

Nosso ponto de chegada seria imutável, já que é uma "volta ao Lar"... Quanto aos itinerários a seguir a fim de sairmos do grande Sonho formador que é nossa odisséia num Tempo virtual, ficam por conta do nosso livre-arbítrio.

Definitivamente, portanto, para que vivamos a Realidade segundo a qual tudo já está acabado e perfeito, precisamos sair do Sonho de que a invenção do Tempo e dos mundos é o motor principal.

Em termos orientais, poder-se-ia dizer que sair de Maya – a ilusão – é isso... É lembrar-se Daquilo que existe desde toda a Eternidade, depois fundir-se no seu Absoluto. É compreender que sonhamos todos os degraus da nossa ascensão interior e que esse sonho se mantém além da dualidade. Não é bem nem mal. É o instrumento pelo qual nosso espírito, enfim, se torna plenamente consciente, porque co-autor efetivo da sua divindade original.

Estou pessoalmente convencido de que o que chamamos nosso passado, nosso presente e nosso futuro estão destinados a fundir-se. Todos os degraus da escada helicoidal que nos serviu de exemplo simbólico serão, conseqüentemente, levados a superpor-se, reduzindo assim os acontecimentos – materiais – lembranças que os compõem, à sua mais simples expressão num grande movimento de reconciliação de que se beneficiará o eixo que é nosso espírito.

Que acontecerá com um degrau assim, unificado, mais precioso do que o mais puro dos diamantes? Foi-me dito que será um dos componentes da Onda de expansão divina na próxima Vaga de Vida... portanto, dos preparativos para a encenação de um outro tipo de Tempo... ou de uma dimensão que o substituirá.

Anais do Akasha

Capítulo 7
O carma e o espaço-tempo

O carma... Precisávamos, finalmente, chegar aqui, por que, se há um princípio ligado aos do Tempo e da Memória, que lhes contabiliza os efeitos, é exatamente o carma. Certamente, uma biblioteca inteira não bastaria para responder a todas as interrogações que um assunto como este suscita. Contentar-me-ei, pois, a tratar algumas delas por alto, na minha própria "ótica akáshica".

Entre a espuma e o suco

Quando tento determinar as coordenadas da infinidade de perguntas que me fazem regularmente com relação ao carma, a primeira coisa que me chama a atenção é a conotação negativa e ridícula que quase sempre lhe atribuem.

Ouço sempre: "É meu carma", ou "É seu carma", significando uma fatalidade inevitavelmente penosa. O carma, então, é compreendido como um grilhão angustiante a ser arrastado atrás de si. Visto desse modo, ele alimenta naturalmente uma situação de vítima, já que só se manifestaria com a finalidade de criar-nos obstáculos e fazer-nos pagar uma dívida sobre a qual geralmente nada sabemos, mas que estaria ligada às insuficiências de nossas vidas anteriores.

Se a noção de carma permite abordar de forma muito coerente a do pecado original, ela, contudo, em nada concilia nossa relação, muitas vezes difícil, com o obstáculo que a vida nos reserva.

Abordar o carma sob este ângulo meio desmoralizante equivale, é bom que se diga, a considerar com um olhar dramaticamente restrito o que ele é.

Na realidade, o conceito de carma não deveria induzir a nada que fosse a priori mais negativo do que positivo. O carma é simplesmente o resultado de uma memória. Pode ser a memória da coletividade humana ou, então, da nossa memória pessoal. Evidentemente, referimo-nos aqui ao nosso banco de dados profundo, ao gigantesco arquivo que representa nosso átomopermanente. O carma é, ao mesmo tempo, seu suco e sua espuma, ou seja, a mistura da quintessência com as impurezas segregadas por nossa alma ao correr das existências.

Uma parte da bagagem que ele representa nos dá, conseqüentemente, asas, ao passo que a outra nos prende a uma gravidade aflitiva. No curso de uma vida, precisamos assim, a cada dia, conciliar o crédito com o déficit.

Neste sentido, o carma é a correia de transmissão que permite que uma lei de eqüidade absoluta se encarne. Ele é o motor divino através do qual as almas aprendem a crescer, ao revelar sistematicamente as coisas que semearam, tanto luminosas quanto obscuras.

Ao dizer isto, estamos, no entanto, longe de ter examinado toda a questão... Ficamos num nível inicial de reflexão, bem terra-a-terra, de uma espécie de compatibilidade. De um lado haveria nossos créditos e do outro, nossos débitos, com nossa vida presente sendo então a resultante do equilíbrio ou do desequilíbrio entre as "partes".

Assim, uma vida difícil significaria uma pesada dívida a ser quitada, ao passo que uma existência fácil ou agradável seria sinal de uma recompensa divina em vista de uma espécie de conta bancária celeste bem provida...

Anais do Akasha

Tal visão das coisas, que eu chamaria simplista, para não dizer primária, infelizmente traduz a compreensão que milhares de seres humanos têm do carma.

Nessa ótica contábil, muitos se esquecem, na verdade, de alguns dados importantes: no plano material, pode-se estar desprovido de recursos, sem, por isso, deixar de ter inteligência, coragem ou habilidade... exatamente como se pode estar na opulência sem ter, necessariamente, dado provas de grandes merecimentos. A trapaça e o jogo, às vezes escuso, empréstimos e investimentos não estão na origem de um certo número de fortunas?

O mesmo ocorre, de modo semelhante, embora mais sutilmente, com a lei do carma e da reencarnação. Às vezes, pode-se tomar empréstimos imprudentemente, gastando o que não se tem... programando-se, por exemplo, uma vida fácil. Em termos mais concretos, acontece que antes de encarnar se peça: "Dai-me uma vida magnífica... Mesmo que eu verdadeiramente não a mereça, me recuperarei na seguinte, e pagarei o que devo".

Chama-se a isso solicitar um adiantamento ou um saque a descoberto...

Podemos também poupar, ou mostrar-nos generosos e recuperar-nos sem desperdiçar nossas forças. Aumentamos, então, nosso potencial de realização pela aceitação eventual de uma série de provas que irão enobrecer-nos a alma. Trata-se de uma escolha.

Quanto à "administração de nossa conta nos Céus", é-nos dada grande liberdade de ação... Mas ninguém pode gastar mais do que é capaz de produzir. Esse tipo de vocabulário, proveniente em linha direta do mundo da gestão, pode chocar, mas resume perfeitamente a situação... Uma vida nada mais é do que uma representação que lida com numerosas ilusões, que são testes também.

Devo dizer que, nesse sentido, a penetração do Akasha teve para mim um papel extremamente formador. Sua leitura pôs e continua a pôr em evidência Maya, ou, melhor dizendo, o lado fugidio, vão e, em resumo, virtual, da série das nossas vidas que geram umas às outras como círculos concêntricos ao redor da essência imutável, nosso espírito.

Mesmo que nem todos possuam uma capacidade igual à minha nesta existência, parece-me de extrema importância que a série de reflexões a que ela induz seja divulgada ao máximo. Sem dúvida, esta é a principal razão que justifica a existência deste livro.

Desmascarar a ilusão pela compreensão do sutil mágico que é o espaço-tempo, deixar a periferia do Corpo de Deus e, ao final de uma extraordinária odisséia, aproximar-se do Seu Espírito, eis a suprema Meta...

Maya e o carma

Antes de avançar, voltemos à lei do carma, porque o fato de saltar no Tempo nos incita mais do que nunca a não nos determos no caminho.

Pensando bem, é realmente preciso admitir que todas essas considerações relativas ao carma só têm valor no contexto de uma abordagem linear do Tempo, ou seja, da aceitação clássica de um passado-presente-futuro.

A questão que se apresenta agora é de molde a abalar uma vez mais todas as nossas referências, Que atitude adotar diante do carma a partir do momento em que cada vez mais se toma consciência do aspecto ilusório do Tempo e, por extensão, da possível simultaneidade de todas as nossas vidas?

O próprio carma, então, faria parte do mundo de Maya? Poder-se-ia dizer que ele não existe como lei universal, eterna e absoluta?

O conjunto das minhas experiências e reflexões leva-me a dizer que isso é exato, que, sem dúvida, definitivamente o carma faz parte da categoria da ilusão. Compreende-se que o advérbio definitivamente é de capital importância numa afirmação como esta.

Realidade e ilusão são, infalivelmente, questão de atitude; tudo depende do ponto de vista que se adota para analisá-las.

Imagino a que ponto é difícil entrever tais perspectivas.

De certa forma, depende tanto do funcionamento da nossa consciência como do nosso organismo físico.

Quando escalamos as encostas escarpadas de uma alta montanha, é comum sermos tomados por tonturas e dor de cabeça devido à rarefação do oxigênio. Fazemos então uma pausa, o tempo necessário para que nosso metabolismo se adapte às novas condições de vida, e em seguida recomeçamos a escalada.

Ao nível da nossa consciência, as coisas não são muito diferentes. Quando as circunstâncias da nossa caminhada nos convidam a ampliar nossa compreensão da Vida, a eventualmente modificar, portanto, nossos pontos de vista, isso exige da nossa parte uma certa elevação. Nossas certezas ficam abaladas, ficamos perturbados e sentimos uma espécie de vertigem, tanto no plano cerebral como no plano espiritual.

Pode-se, evidentemente, dar meia-volta e descer, chegando a um terreno onde tudo se torna seguro. Pode-se, também, fazer uma pausa para digerir – em reflexão – as novas informações recebidas, antes de continuar a escalada.

Parece-me que a sensatez recomenda esta última solução, se verdadeiramente formos dotados de uma real vontade de não vegetar.

Uma única Vida?

Voltando ao carma, se aceitarmos a viabilidade de encarar o fato de que ele é tão ilusório quanto nossa percepção que passa, ou seja, que é episódico diante da esfera do nosso espírito, devemos admitir então que existe apenas uma única verdadeira Vida, a que se desenvolve no íntimo do Ser.

O que sentimos e memorizamos como sendo nossas existências sucessivas não passa de uma série de elementos que constituem um enorme sonho, no seio do qual o carma exerce a função de instrumento de depuração. Comumente se diz que o que tem começo tem necessariamente fim. É o que acontece com a mecânica cármica. Se ela faz parte do nosso sonho coletivo e individual, não é eterna, e sim passageira. Não deveríamos, entretanto, desprezá-la, porque o universo da ilusão que a sustenta tem imensa necessidade do princípio de eqüidade ao qual ela preside. Não pode dispensá-la. As miragens do espaço-tempo e do seu prolongamento direto, o carma, estão, pois, a serviço da Realização do Ser, já que seu caráter ilusório trabalha para o Despertar da Consciência suprema. Assim, não devemos ter medo de encarar o fato de que Maya seja uma espécie de mal necessário. Ela é a Força mestra por excelência, cuja severidade procura fazer com que nos lembremos da nossa Sede última.

A memória akáshica e Maya

Continuamos por mais algum tempo nossa ascensão... Se nadamos num oceano de ilusões enquanto não tivermos reintegrado nossa Essência divina, significa obrigatoriamente que a Memória akáshica a que nos referimos também faz parte do Sonho.

Então, por mais incomensurável que seja, essa Memória "um dia" se evaporará; dela restará uma quintessência que irá nutrir esse incognoscível a que chamamos Deus. Talvez até já se tenha evaporado no Absoluto, além de tudo o que podemos imaginar que exista...

Nesse nível de reflexão, as palavras se transformam em armadilhas, nos aprisionam nos seus conceitos forçosamente limitados. Realmente, é perturbador utilizar noções como "Ondas de Vida" ou, ainda, "Ondas de Criação", quando se tenta sair de uma percepção puramente linear do Tempo e da memória que o fixa. Em nós, o incrivelmente limitado se aproxima de modo espantoso do incomensuravelmente vasto... Eis por que nossa consciência encarnada age como "uma sanfona" entre o Nada e o Infinito, entre a necessidade de ficar tranqüila dentro de uma memória seletiva e a audácia de explodir todos os horizontes.

Utilizando uma comparação que pode parecer prosaica,

entrar numa reflexão como esta é tomar consciência de que, ao chegar ao final de um ciclo de funcionamento, um computador exige uma espécie de "morte clínica". Limpamos então sua memória profunda, seu disco rígido – de certo modo, seus anais akáshicos – para uma nova "vaga de trabalho".

Tal analogia pode deixar uma sensação de amargura, ou mesmo de desespero, porque a tecnologia, por natureza, é sempre fria... Se a utilizo novamente aqui é por preocupação com a clareza, sabendo que o infinitamente pequeno se inspira no infinitamente grande nos seus princípios de funcionamento. É evidente que uma memória informática nada é se comparada à Memória akáshica, mas o que parece demasiado esquemático tem, apesar de tudo, propriedades instrutivas.

Embora um computador não seja dotado de alma, longe disso, não se deve esquecer que o que chamamos alma é, sob certo ponto de vista, uma sublimação da memória. O retorno de uma alma, depois sua fusão no espírito do qual procede, corresponde a uma espécie de "morte clínica". A memória das suas experiências no cadinho de Maya é como um diamante que vai juntar seus quilates aos do espírito.

Sem sabê-lo, ou lembrando-nos apenas muito episódica e superficialmente, é para isso que trabalhamos a cada instante da nossa vida. É a "lembrança do Futuro" que nos leva a avançar.

Aceitar as regras do jogo

Em nossa vida cotidiana, é evidente que não podemos manter no espírito o caráter episódico e ilusório da Memória akáshica e do carma, tanto nosso, como da nossa espécie. Se vivêssemos constantemente com esse pensamento, não participaríamos do jogo da encarnação, cujo lado deprimente, apesar de tudo, mostra-se formador. Flutuaríamos entre duas esferas de consciência, sem sermos capazes de unificá-las em nós. Estagnaríamos desconfortavelmente entre os mundos. Aliás, é o que acontece com certas pessoas acometidas pelo que chamamos delírio místico.

Eis por que é importante concordar em desempenhar plenamente o papel que nossa encarnação presente nos atribuiu. Aceitar as regras do jogo de Maya, sabendo que fazem parte, até certo ponto, dos instrumentos a serviço do nosso progresso, é sinal de sabedoria.

Todos os grandes Enviados, como o Cristo ou o Buda, também não se sujeitaram cotidianamente à opressão dessas regras, pelo simples fato de terem adotado um corpo humano? Eles aceitaram a virtualidade do nosso universo, moveram-se na linearidade do seu Tempo, a fim de juntar-se a nós na nossa esfera de consciência. Se tivessem vindo com uma aparência demasiado estranha ao nosso espaço-tempo e ao nosso tipo de experiência da vida, não teriam encontrado ouvidos para escutá-los e querer seguir-lhes as pegadas libertadoras. Definitivamente, eles aceitaram a ordem ilusória do nosso universo para que sua Essência se manifestasse e nos ensinasse.

Esta é uma das razões pelas quais a maioria das Encarnações divinas na Terra – os Avatares – deixam muito poucos, ou não deixam, traços materiais *diretos* da sua passagem entre nós. Não existem, ou só existem muito poucos, ensinamentos e escritos redigidos de próprio punho.

A outra razão prende-se ao aspecto obrigatoriamente limitado e, por isso mesmo, ilusório das palavras, que ficariam imobilizadas sob sua pena. A partir do momento em que uma idéia fica inscrita numa base material, ela sofre uma transformação e diminui no tocante à Fonte de onde se originou. Sua eternidade assume a cor do temporal e seu perfume de infinito, um odor limitado. Cedo ou tarde, ela passa a ser a origem de uma infinidade de polêmicas e de interpretações deformantes.

Guardo na memória um instante precioso vivido junto ao Mestre Jesus, o único momento, que eu saiba, em que Ele abordou a noção de Memória Universal. Foi na encosta do Monte Tabor, no final do inverno, sob um bosque de amendoeiras em plena floração. Eis o que os Anais me permitiram reproduzir:

Há um lugar na Consciência de meu Pai onde tudo

está consignado, tanto vossas grandezas como vossas mesquinharias, bem como as provindas de todas as Moradas que Ele criou. Em verdade, é além desse lugar que meu Pai vos aguarda. Quando tiverdes atravessado seu espaço e ali reconhecerdes, sem exceção, todas as impressões da vossa alma, só então, digo-vos, estareis junto a vós mesmos, em meu Pai. Nesse lugar, encontrareis também minhas pegadas e compreendereis então a natureza do meu Sopro; sabereis, então, que ele vinha de trás do Sonho deste mundo...

É certo que a imensa maioria dos que ouviram essas palavras não lhes compreenderam o sentido, que estava muito distante das suas preocupações cotidianas. No entanto, se foram pronunciadas é para que servissem de sementes na consciência coletiva da nossa humanidade. Como todas as sementes, essas foram postas na terra para que um dia surja um germe. Dois mil anos nada significam no jogo linear da nossa História...

Final dos Tempos e remissão dos pecados

Já que acabo de evocar o Cristo através de um dos Seus ensinamentos ignorados, parece-me lógico abordar aqui a famosa "remissão dos pecados" de que trata a Tradição cristã. Essa remissão é o perdão de todas as faltas, um acontecimento que, a crer-se na Igreja, deveria ocorrer na hora do Juízo Final, ou seja, no Final dos Tempos. Eis-nos mais uma vez diante do conceito de Tempo...

Ao analisarmos, por pouco que seja, a expressão "Final dos Tempos", imediatamente somos levados a concluir que, se o Tempo tem um fim, é porque existe uma dimensão infinita além dele. A Igreja nos responde que se trata da Eternidade... mas essa Eternidade não nos é ensinada de outro modo a não ser como um Tempo que não acaba... mas sempre um Tempo.

Que ocorre nesse Tempo? Uma "suspensão no vazio" da Consciência superior em adoração diante de Deus, uma espécie de pausa? Essa Consciência se lembrará das suas andanças? Se guarda a memória delas dentro do seu estado de felicidade, não significa, então, que o conceito de Tempo está sempre presente nela? São perguntas que todo crente deveria fazer-se legitimamente e a que nenhum ser humano pode dar respostas, a não ser hipoteticamente.

Quanto a mim, o que mais me intriga no contexto do "Final dos Tempos" é a idéia de remissão dos pecados. Em termos orientais, poder-se-ia dizer que se trata da supressão do carma no seu aspecto depressivo, portanto, da extinção da carga energética negativa acumulada na memória que constitui cada alma. Segundo a expressão consagrada, "remir os pecados" significaria, conseqüentemente, apagar a totalidade de um carma doloroso ou, ainda, dito de maneira mais técnica, descarregar o arquivo memorial incômodo que uma consciência acabou gerando no seu espaço-tempo.

Quem realiza esse trabalho de limpeza é a Divindade? É isso que o dogma tenta fazer-nos crer... e é o que os místicos que não se sujeitam a uma Igreja temporal não podem aceitar. Todo mergulho da alma nas esferas da Luz ensina, cedo ou tarde, que só o ser consegue pacificar sua própria memória.

Não é Deus, se O vemos como uma Potência exterior à Criação, quem avalia o conteúdo da sua bagagem; é o próprio ser, e unicamente ele, quem tem o poder de "liberar" seu fardo. É a Presença do Divino no seio de toda alma que resolve a problemática da sua memória akáshica total, a memória que estruturou o lado escravizante do seu carma.

Assim, o princípio da remissão dos pecados não deve ser compreendido como uma espécie de derradeiro presente de origem divina, mas como o resultado de um imenso trabalho de reforma da alma sobre si mesma, uma reforma que conduz à sua suprema pacificação.

Apagar o selo memorial da nossa alma e, por extensão, a ascendência do Tempo sobre ela, é problema de decisão pessoal; é de nossa responsabilidade, é uma tarefa nossa e não de um Juiz-libertador equipado de uma balança, quando chegar o Final dos Tempos.[1]

---

1 Relativamente à ação do Cristo no contexto do carma global da humanidade,

Quem limpa a memória?

Nada impede que em toda verdade de ordem geral possam existir exceções, tanto nesse domínio como em outros... As Tradições da Índia e as do Ocidente, para citar só estas, fazem menção a isso.

Diz-se que os maiores Mestres – geralmente himalaios – e alguns iogues chegados a um grau de iluminação excepcional são dotados da capacidade de "assumir" o carma tóxico dos seus discípulos. Penso, entre outros, em Sri Yukteshwar, pertencente à linhagem do Kriya Yoga,[2] ou então no Avatar Babaji.[3]

O Antigo Testamento menciona também, em quatro ocasiões, a possibilidade de uma anulação das faltas. Foram José, Davi, Samuel e Moisés que deram motivo para isso...

Atendo-me à Tradição cristã, penso obviamente no Cristo, que ofereceu especialmente a cura a um paralítico, dizendo-lhe: "Tem confiança, meu filho, teus pecados te são perdoados". (Mateus, 9:2-9)

Deve-se notar que a Igreja romana não mostra uma real coerência nesse domínio. Enquanto o Evangelista Marcos afirma canonicamente que "só Deus perdoa os pecados" (2:1-12), o papa Pio X atribui o mesmo poder à totalidade da Igreja e, é claro, aos papas, prioritariamente e com plenitude.[4]

Além da polêmica que tudo isso pode suscitar, o fato é que o conceito da remissão dos pecados por um Enviado divino encarnado existe. É sempre citado como exceção

Então, a questão é: Segundo que lei um grande Ser manifesta um tal dom divino e em virtude de que princípio um humano pode recebê-lo de presente, escapando assim, mesmo que pontualmente, da mecânica geral do carma?

Levando-se em conta o que hoje conhecemos sobre o assunto, esse fenômeno pressupõe dois tipos de condições:

reportar-se a *Enseignements premiers du Christ*, do mesmo autor, págs. 198 a 200, ed. Le Perséa.
2 Ver *Autobiografia de um Yogue*, de Paramhansa Yogananda, Lótus do Saber Editora.
3 Reportar-se a *Wesak*, de D. Maurois e A. Givaudan, ed. Le Perséa.
4 Artigo 10 do *Catecismo de Pio X*.

O primeiro é que quem afirma ter a capacidade de intervir no carma de outrem seja, verdadeiramente, um Ser elevado.

Só um homem, ou uma mulher dessa natureza pode, realmente, ver desenredar-se no Elemento akáshico – pertencente, lembremo-nos, à esfera do Espírito divino – a problemática memorial de uma alma, sua carga pesada.

Em termos prosaicos, significa que se trata de uma séria e delicada intervenção de cirurgia sagrada. Isso suscita o fato de que o Cirurgião em questão seja capaz de absorver em Si a infecção energética, a dissonância da massa vibratória de que a alma sofre ao nível da memória.

Absorvê-la significa, acidentalmente, transmutá-la.

Conta-se, a propósito disso, que alguns importantes iogues, ou Mestres espirituais avançados, caem grave e misteriosamente enfermos após uma prática visando a liberar – mesmo que apenas em parte – um discípulo do seu peso cármico.

O segundo tipo de condição diz respeito à pessoa cuja memória profunda se verá, assim, desafogada.

À luz do que sabemos sobre a evolução da alma humana, como imaginar que um tal presente seja dado a um ser que, de um modo ou de outro, não o mereceu?

Se não se mostra forçosamente compreensível e justa a priori, a Energia divina em ação é, ao contrário, sempre exata...

Por trás do paralítico aparentemente insignificante que o Cristo decidiu curar, ocultava-se sem dúvida uma alma merecedora. Só um Ser altamente realizado pode ver isso claro e agir, em decorrência, com toda a força do Seu Amor consolador e reparador.

Daí a admitir que os papas, com raríssimas exceções, possam reivindicar tal "dom", há uma distância enorme, que eu, pessoalmente, não posso transpor. Daí a aceitar, enfim, que a Igreja, como Instituição, goze de tal prerrogativa, há um oceano inteiro...

Seja como for, desafogar a memória, ou seja, desbotar a impressão dolorosa gravada no Akasha para todo ser, constitui uma preocupação fundamental que encontramos em todas as grandes Tradições religiosas e espirituais.

O princípio da confissão tal como é imaginado pela Igreja de Roma traduz isso à sua maneira, embora de modo muito simplista.

Tranqüilizar a consciência não basta, evidentemente, para desinfetá-la nas alturas do Akasha. Tranqüilizar jamais será sinônimo de pacificar nem de reunificar...

Assim, a expressão oriunda do Amor não pode manifestar-se plenamente pela aplicação de um curativo, porque... consolar e restaurar exigem um alinhamento total com o Divino.

Vocês compreendem, agora, por que consigo ter sobressaltos quando, lendo alguns anúncios classificados, de repente descubro os serviços remunerados do Sr., ou da Sra. Fulana de tal, que diz conhecer o método para libertar alguém radicalmente do seu fardo cármico?

Capítulo 8
A re-unificação

Ignoro quantas vezes sucedeu-me fazer minha alma viajar ao seio do Akasha. Quatrocentas ou quinhentas, talvez... Isso pouco importa e, em si, nada prova, a não ser uma certa destreza para "zapear", como dizem, de um canal de vida a outro. Em todo caso, não vejo nisso uma espécie de barômetro que prove, obrigatoriamente, o adiantamento da minha consciência.

O desenvolvimento de uma faculdade não é um objetivo como tal; é a expressão de uma polarização do ser em torno de um papel a desempenhar. O objetivo, meu objetivo, o objetivo de todos nós, é outra coisa...

Freqüentemente, devo dizer, pessoas se dirigem a mim na esperança de obter alguma indicação que lhes permita seguir-me e "fazer a mesma coisa". Minha resposta é sempre a mesma e não poderia variar: Em primeiro lugar, não existe um método preciso e definitivo, e muito menos truques que permitam penetrar o Akasha. A seguir, é errado imaginar que seja preciso necessariamente desbloquear essa faculdade para crescer em espírito.

Se, apesar de tudo, se pensa assim, está claro que vivemos no mundo presos ao fazer e ao ter. Na verdade, na senda estreita que leva ao Espírito, trata-se mais de viver e ser do que de procedimentos reprováveis e de espetáculo.

A doença da amnésia

Penso que, em nossa busca, há uma indagação que se impõe: É preciso, necessariamente, saber? Ou seja, é preciso forçosamente lembrar-se?

Já respondi a isso em parte ao afirmar, de certo modo, que não se faz uma excursão turística ao universo akáshico. Fazer com que nossa memória profunda fale, e desvendar eventualmente os segredos da História não é, na verdade, um fim em si, pois as conseqüências de uma iniciativa assim podem, às vezes, ser catastróficas.

O equilíbrio emocional, afetivo, mental e também espiritual do ser humano é demasiado frágil para que ele se lance precipitadamente numa aventura como essa... a menos que seu destino o incite a isso de modo *bem* explícito, em algumas circunstâncias específicas.

Dito isto, será preciso, contudo, que cada um de nós acabe por "re-lembrar"... Se é perigoso e absurdo tentar desvendar, a qualquer preço, os enigmas da nossa memória oculta, a amnésia, de que todos somos vítimas em diversos graus, não é, no entanto, uma maldição em forma de impasse, uma fatalidade que é preciso suportar.

Diria que essa amnésia se apresenta como uma espécie de doença de crescimento da alma; como uma grande deficiência que se instala qual um longo episódio doloroso em nosso caminho de ascensão, pessoal e coletivo.

Uma saída para o alto...

Compará-la-ei a um labirinto em cujo interior alegrias e sofrimentos se misturam de modo perverso, a ponto de criar em nossa alma um efeito de imantação que torna quase inútil qualquer tentativa de fuga.

É esse aspecto embaraçante da nossa amnésia que nos esgota. Nem sempre compreendemos que a saída do labirinto não pode realmente ser encontrada na horizontal, ou seja, indo para a frente e para trás, transpondo centenas de vezes as mesmas portas.

O simbolismo da lenda de Ícaro aplica-se perfeitamente aqui, no sentido em que só uma tomada de atitude radical permite que se saia da rotina do Esquecimento... se é que sejamos dotados de asas verdadeiras e não de algumas penas coladas ridiculamente em nossa "auréola".

O exemplo de Ícaro nos ensina, entre outras coisas, que o caminho da Libertação – de que a pacificação das memórias representa um elemento-chave – só pode ser seguido de maneira correta num real ímpeto de verdade. Nele não há lugar para trapaças, e qualquer falsidade do ser é rejeitada como um enxerto incompatível.

É assim que, tomando uma altitude definitiva nesta obra, ou seja, tentando me afastar das ciladas da nossa prisão temporal, só posso declarar uma coisa: *Sim, nosso objetivo é mesmo reencontrar a Memória. Nossa Memória com M maiúsculo, a que surge no final da "digestão espiritual" das peregrinações, constituída pelo rosário das nossas cento e oito mil pequenas memórias acumuladas de existência em existência.*[1]

Por que cento e oito mil? Porque, no seio do nosso universo, esse número corresponde à soma dos tipos de elementos ou materiais vibratórios – e, portanto, de experiências – que a consciência deve assimilar, depois sintetizar, para transpor o *Portal da Infinita Lembrança.*

Portal da Infinita Lembrança... é assim que, no Ensinamento que eles me transmitiram, os Senhores da Chama definiram esse ponto de Consciência última através do qual o ser tem acesso à esfera do Espírito divino, a do puro Akasha.

Contemplar sem sobressaltos

A esse nível de percepção e de expansão da Vida em si,

---

1 Compreendamos bem que não se trata de cento e oito mil "acontecimentos" diferentes, mas de tipos de memórias que encerram, cada uma delas, uma imensidão de acontecimentos pertencentes à mesma família de experiências.

Lembrar-se nada significa... Não é simplesmente ter memória exata de todas as fases e de todas as existências através das quais nossa alma se forjou no curso das Eras. É compreender os comos, os porquês; é captar-lhes a lógica íntima, é saber rir dos seus impasses, compreender as lições deixadas por seus excessos, por seus delírios e preguiças; é também poder contemplar sem sobressaltos a recordação das suas dores, como das suas alegrias. É, enfim, descobrir em si o inefável sorriso do Buda, bem como o meigo olhar do Cristo.

Nesse estágio de expansão, Lembrar-se é, certamente, descobrir o verdadeiro sentido da Paz. Parece-me evidente, porém, que, no nosso nível global e coletivo de encarnação, podemos apenas chegar a uma idéia muito vaga dessa Paz.

Só a percebemos como possível porque ela responde a uma espécie de germe – ou átomo – plantado nas profundezas do mais íntimo do nosso ser. Sim, nós a consideramos possível, mas... sempre há o eu agitando-se em nossas células e, a despeito de tudo, traduzindo-se por incessantes impulsos de combate.

Combate contra que ou quem? É exatamente aí que se situa a verdadeira questão, a questão que nos aflige desde o início.

O medo-raiz

Creio que o mais importante combate que travamos, o que se imprime no Akasha de todas as nossas memórias, é o combate contra o Medo enquanto Princípio.

O Medo original provém, sem a menor dúvida, da nossa separação do Divino, da cisão inevitável engendrada pelo próprio movimento da Criação.

É o medo inconsciente ou inconformado, mas quase visceral, de não ser chamado de volta a Deus e de não reencontrar o caminho que leva a Ele, de jamais conseguir reintegrá-Lo.

É também o medo de não merecer esse retorno, de ser esquecido, de não ser mais amado.

Um medo que, por reflexo, faz nascer a obrigação de ser o

primeiro, o mais bonito, o melhor, o mais forte, daí a necessidade de combater para valorizar-se... e sua conseqüência imediata: o enclausuramento numa infernal dinâmica de dualidade.

Medo, somos nós diante dos outros, diante deste mundo, de que acabamos por excluir-nos, e diante da Presença divina a respeito da qual, finalmente, torna-se mais fácil crer que é um engano.

Medo é a cólera sofrida e contida que toma conta de nós quando, após uma infinidade de andanças amnésicas, começamos a admitir que um dia precisaremos lembrar-nos.

Lembrar-se do Esquecimento... é terrível! Despertar, quando se tinha certeza de não estar dormindo, também é assustador, não é?

Onde está a saída, então, já que Despertar também representa medo?

Nosso caos mental

É evidente que não tenho a pretensão de possuir *a* solução para um ponto de interrogação de tal envergadura. Aliás, há *uma* solução?

Acreditaria, antes, que exista um certo número de rotas, ou pistas de decolagem, às vezes inesperadas, que permitem sair do famoso círculo vicioso.

Nessa matéria eu só poderia falar da chave que me parece ser exclusivamente minha. Ela não é, com certeza, uma chave-mestra destinada a fugir desta dimensão e da cegueira que a caracteriza.

Tampouco é um remédio anti-angústia infalível, mas, antes, um arranco, um movimento ou um gesto de acionamento para começar a decolar rumo a outra coisa.

Por falar em chave, preciso inventar uma palavra, a palavra *des-mentalizar*. De tanto percorrer o mundo, observar os indivíduos e os povos, parece-me cada vez mais certo que a atitude de separativismo, de dualidade, portanto, que mantém nossa amnésia é em grande parte resultado de uma sobrecarga do nosso universo mental, sobrecarga e também uma má utilização que leva a um caos interior.

Certamente, isso se manifesta em diferentes graus, conforme os povos, mas, de modo geral, pode-se dizer que nossa esfera mental revela-se incapaz de captar o instante presente ao atulhar-se com uma infinidade de coisas que a impedem de centrar-se na sua verdadeira função, que é avançar construindo, isto é, conscientemente.

Quem, no nosso mundo, é realmente capaz – quando mais não seja durante um dia completo – de despoluir seu mental sem olhar nem para trás, para todas as lembranças e pesares eventuais, nem para frente, para todas as incertezas, as hesitações e os temores que isso freqüentemente pressupõe? Quem? Raras pessoas. Alguns poucos Mestres Sábios...

Talvez também alguns contemplativos, mais ou menos à margem do mundo e entregues a práticas continuadas.

A verdade é que a imensa maioria dos seres humanos é invadida por um imenso alarido interior e é essencialmente essa algazarra que lhe impede o acesso à Lembrança. Fecha-lhe a porta para o Elemento akáshico – a manifestação do Espírito – que está na própria raiz do seu ser.

O esquecimento vem do excesso. De tanto viver no escuro, acabamos por não nos lembrar do que é luz. Resta dela apenas uma vaga idéia que, pouco a pouco, transforma-se num simples princípio filosófico.

Para reencontrar a memória da luz, é preciso ter a coragem de atravessar as paredes do cubículo onde ela se acha encerrada...

Interromper a projeção

Do mesmo modo, para pretender sair da nossa amnésia e apresentar-nos no Portal da Memória de *quem* somos nós, é necessário tomar uma decisão firme, a decisão de explodir as paredes da prisão dos nossos pensamentos parasitas e das nossas agitações mentais. Essa desparasitagem significa um desempoeiramento radical.

Quando uma coisa se cobre com uma espessa camada de pó, significa que não tem contato com a vida há muito tempo, porque a relegaram ao abandono. Analogicamente, nosso mental se deixa facilmente recobrir por camadas parasitárias e poluentes, e sua textura inicial não aparece mais...

Felizmente, esse mental é apenas um instrumento da nossa consciência superior; *não é nós*... embora tenhamos a tendência de achar que ele é parte integrante da nossa realidade profunda.

Classicamente, comparamo-la a uma tela de cinema na qual uma ilusão de vida, sob a forma de uma montagem de imagens, é projetada em seqüência contínua.

Interromper a projeção, ou pelo menos reduzir-lhe a velocidade, deve ser nosso objetivo. Para tanto, convém, evidentemente, dirigir-se antes ao operador: nossa personalidade inferior que tudo reivindica e que muitas vezes está confusa ou até mesmo em pleno marasmo.

Além desse operador, *O* que *deve* interessar-nos é, de um lado, o cenarista realizador, nosso espírito, que pilota e registra no Akasha nossos episódios de vida, e, do outro, o Produtor, essa Presença que é o Divino, coroando o grande Sonho formador da Criação.

Lembrar-se é ir nessa direção; é sair da sala de projeção e ir ao encontro do que se esconde além do brilho da aparência. Certamente essa comparação não é nova, mas talvez seja conveniente repeti-la mais uma vez. Nós a expelimos incessantemente do nosso micro-universo porque ela incomoda e porque, como quem não quer nada, gostamos do nosso sono, do nosso antro de esquecimento.

Daí a utilidade dos sonhos maus, até dos pesadelos, que são nossas provas, e de algumas vidas cuja lembrança se imprime em nós de modo particular. Sua memória fixa-se à exaustão... já que nossa espécie, efetivamente, parece ter cabeça dura!

A chave que se me apresenta estaria então nessa centragem última do ser que tenta instalar a meditação?

Sim, certamente... no entanto resta conseguir definir tudo o que o princípio da meditação engloba...

Meditar?

Quando nos pomos a evocar o fato de meditar, a primeira imagem que nos ocorre é, claro, a de um homem ou de uma mulher sentados na posição de lótus, os olhos fechados ou fixos, as costas perfeitamente retas, e submetida a uma disciplina de autocontrole, bem como à recitação de alguns mantras. Numerosas Escolas orientais distinguem-se, como se sabe, pelo ensino e pela prática desse som de "limpeza" e de pacificação do ser, que nos comunicam um modo maravilhoso de reencontrar *a* Memória, limpando nossas memórias episódicas.

Entretanto... pode-se também, de um lado, adormecer, ao deixar-se apanhar pelo mecanismo do hábito e de uma eventual superioridade espiritual e, do outro, não conseguir chegar a tal estado, ou ser incapaz de curvar-se às suas exigências. Não somos todos feitos do mesmo estofo, felizmente... Esta é a nossa riqueza.

Então? Então, é importante compreender o fato de que a meditação é apenas uma prática que se cumpre em silêncio e na posição regulamentar. É, antes de mais nada, um modo de ser, ou seja, uma forma de dominar-se, de comportar-se, de mover-se no mundo, depois de oferecer-se a ele. Vista desse modo, ela se transforma numa atitude diante da vida; pode ser compreendida como um posicionamento da alma face às mil coisas que constituem o cotidiano.

Não se deve imaginar, porém, que tal posicionamento se instale automaticamente, como se por decreto divino. Deve-se decidi-lo e não simplesmente desejá-lo. Ele não emergirá em nós de um dia para outro, porque é fruto de um trabalho. Resulta, conseqüentemente, da prática de algumas verdades fundamentais cuja essência é esta:

Algumas noções para a purificação do mental

• Viemos a este mundo para aprender. Nossas provações

não são punições, mas lições para ajudar-nos a assimilar o que ainda não foi compreendido por nossa alma.

• Nosso ser faz parte da Divindade. É uma célula dela, que ainda não tem consciência de si mesma. O que, de nós, pensa e sente – tanto na alegria como no sofrimento – não é realmente nós, mas a projeção de uma ilusão mantida por nosso mental.

• Nosso espírito é nossa verdadeira realidade ou natureza. Situa-se além da nossa alma e não pode, portanto, ser ferido. Nossa exata destinação está gravada nele... É, pois, na direção da sua presença, da porta que ele representa, que convém orientar-nos, sempre que possível, cada dia da nossa vida. No seu umbral descobrimos "desdramatização" e humor, duas manifestações do Amor em ação.

• Conectados com seu espírito, com seu íntimo, os seres encarnados que somos sentem então necessidade de nada realizar que não esteja na ótica de um serviço à Vida. Não à humanidade apenas... porque a humanidade é só uma das facetas pelas quais a Vida se exprime e se desenvolve. Nessa ótica, cada pensamento que se emite e cada ação empreendida adquirem, assim, o valor de uma meditação, pois centram o ser com vistas a um objetivo luminoso. Essa centragem voltada para o Serviço elimina pouco a pouco, mas de modo seguro, os parasitas do mental, assim como todas as baixas expressões do ego.

• A reidentificação progressiva com nosso Íntimo, pela oferenda da nossa passagem na Terra, através de uma infinidade de pequenos atos, é um magnífico despoluente que contribui para restituir-nos nossa Memória inicial, ao aumentar em nós a presença do Elemento Akasha, a Luz da luz...

• Tal via de Serviço, a que os orientais chamam *karma yoga*, é, conseqüentemente, um ativador do espírito em nós. É uma via aberta a todos. Ela ensina, além disso, que não existem

Anais do Akasha

serviços grandes ou pequenos, mas que todos procedem da mesma dinâmica de oferenda do Coração. Uma Doação verdadeira tem a força de um mantra.

• Lembrar-se de Si e voltar a sê-lo, é um movimento que, embora partindo do ser individualizado e isolado, só consegue atingir sua exata dimensão quando se exprime na coletividade e se estende além de qualquer fronteira. Ninguém se eleva sem elevar o mundo ao seu redor.

• Lembrar-se de Si... não é centrar-se em "si". Não significa revirar nem esgravatar freneticamente no que parecem ser nossas profundezas. Nossas verdadeiras profundezas, que na realidade são atitudes, revelam-se, ao contrário, na abertura de tudo que somos e em colocá-las ao dispor da Corrente universal da Vida. Ninguém conseguirá atingi-las permanecendo na dualidade elementar e pesada do impulso instintivo de julgar.

• A descrispação que resulta de todos os princípios básicos anteriormente citados é uma chave fundamental através da qual a agitação mental acaba por esfumar-se. Ela traduz a força reencontrada do ser que não mais procura agarrar, reter, monopolizar e controlar, e sim deixar passar através de si a Onda divina do Contentamento, a seguir a da Felicidade, pela Doação permanente.

Re-inventar-se

A partir de tudo isso, parece que o nosso mental, com seu jogo de ilusões, que desembocam no rosário das programações das nossas existências, seria uma espécie de véu opaco, o principal responsável por nossos sofrimentos...

Será, então, preciso destruí-lo, já que ele mantém o labirinto da nossa amnésia? Partir nessa direção seria absurdo. Nosso mental, resultante direto da nossa alma encarnada, é, sem a menor dúvida, um instrumento precioso.

Identificando-o como o instrumento pelo qual alguns dos nossos sofrimentos se tecem antes de gravar-se no sutil, tentemos também tomar consciência de que não é o instrumento que deve tomar decisões a respeito da obra a ser executada, e sim o artesão que o está empunhando. Se este abre mão do seu papel, torna-se um simples operário diante de uma máquina que lhe dita a repetição dos mesmos gestos pré-programados.

Até hoje tem sido essa nossa atitude, nossa sujeição... *Resta saber se estamos verdadeiramente dispostos a dar um basta nisso...*

Pois bem, se for este o caso, tomemos a decisão de tornarnos artesão e depois – por que não? – artista! O desafio consiste em retomar primeiro o controle de quem somos, depois beneficiar-nos com isso. Não é impossível, já que uma longa linhagem de Mestres de Sabedoria o fez antes de nós, no próprio seio desse espaço-tempo sobre o qual afirmamos, erradamente, que nos aprisiona de modo inexorável.

Aqueles Mestres foram precisamente os artistas que tiveram a coragem de despertar em si sua memória de criador. Eles se lembraram do *que* significava a realidade do seu espírito. Encararam o Tempo e a sucessão de suas andanças humanas no seu curso como professores que lhes ensinavam a manejar um o pincel, outro o buril, ou, ainda, o teclado do seu ser primeiro.

Tudo isto, certamente, é fácil de formular e não impede que reste uma interrogação importante: Para transpor a barreira do Tempo e dos espaços de sonhos que o Tempo cria, que "fizeram" então esses Mestres libertos?

A esfera do *nous*[2]

Certamente, eles nada desprezaram. Procuraram incansavelmente ver mais alto, dizendo a si mesmos que um instrumento – no caso em foco, o mental – sempre podia dissimular ou prefigurar outro, mais aperfeiçoado. Assim, com a ousadia dos

2 De origem grega, o termo *nous* define um princípio, ou uma porta, que cria a fluidez entre a alma e o espírito. Ver *O Evangelho de Maria Madalena*, do mesmo autor, **EDITORA DO CONHECIMENTO**.

Anais do Akasha

grandes alpinistas, descobriram a esfera do mental superior, a que os cristãos gnósticos outrora chamaram *nous*. A ascensão que conduz a tal dimensão, evidentemente, não é delimitada.

O Caminho de Volta, o da Lembrança, só pode ser individual, é único para cada um... embora se alargue um pouco mais à medida em que é desbravado.

Com isso, quero dizer que quanto mais um caminho for percorrido, e portanto desmatado, mais se alarga e, conseqüentemente, fica mais fácil andar nele. Assim que tiver atingido determinada largura, cumpre uma função "aspirante", no sentido em que, como uma corrente que imanta, ele atrai no seu movimento uma quantidade cada vez maior de viajantes.

No caso presente, esses viajantes são peregrinos que têm consciência de sê-lo. Despojam-se dos seus hábitos e atitudes de seres errantes, aprendendo a ver mais claramente do que nunca a natureza do Objetivo que os inspira e os faz viver.

A esfera do mental superior – ou melhor, do supramental – é abordada como um universo em cujo centro *tudo* se redefine. O ser aí se esforça por ver o Ser por trás dos fantoches de tudo que antes lhe parecia assumir atitudes do real. O ser, enquanto consciência individualizada, não pensa mais de modo cerebral. Compreende que seu mental "habitual" não passa de uma das mais grosseiras expressões do que merece o nome de Inteligência.

Ao compreender isso, sobre um degrau. Sente a fusão do intelecto com o coração.

Essa descoberta é obrigatoriamente decisiva no caminho da evolução. Literalmente, dota o ser encarnado de um par de asas de luz,[3] o que justamente proporciona a visão em altitude de que tratam estas páginas. Quando a presença dessas asas torna-se evidente, pela modificação da nossa relação com o mundo, acaba-se percebendo que seu movimento, cada vez mais natural e rápido, dissipa a densa névoa da amnésia.

---

3 Ver, a propósito, a descrição da manifestação luminosa do *nous* em *Comment dieu devint Dieu*, págs. 108 e 109, do mesmo autor, Ed. Le Perséa.

A distensão celular

Estaríamos errados se pensássemos que essa dinâmica que leva ao surgimento de *outra coisa* só é observada no plano físico. Nosso psiquismo, no sentido amplo do termo, está, na verdade, intimamente ligado à matéria. Não se modifica sem que esta seja afetada de um modo ou de outro. Quando, pela presença de uma porção maior de Luz akáshica em nós, a Memória do nosso parentesco com o Divino começa a voltar-nos com força, as células que constituem nosso corpo entram obrigatoriamente em metamorfose.

Utilizando uma expressão clássica mais explícita, diria que seu ritmo vibratório aumenta, permitindo com isso a liberação de certa quantidade de escórias. Quais são essas escórias? Simplesmente os resíduos das memórias aflitivas armazenadas pela alma, não apenas no curso da sua vida atual, mas também no decorrer de "passadas" existências. Compreende-se, então, que essas memórias atuam como programações que reprimem a floração da consciência.

Conseqüentemente, o movimento engendrado é um movimento de distensão. Ele abre as portas do ser na sua globalidade. Leva o ritmo do corpo a aproximar-se do ritmo da alma, fazendo a seguir com que a vibração desta entre em maior ressonância com a presença imanente do espírito do qual ela procede. Evidentemente, trata-se aqui de um passo decisivo rumo à Unificação, ou melhor, à Reunificação

Se captarmos o sentido dessas palavras com a ajuda do *nous*, ou seja, abandonando as referências reflexas do nosso intelecto dualista e dado à dissecação, dá-se um passo decisivo no caminho de Sabedoria traçado pelos Mestres que nos guiam desde sempre.

O bastão de reconciliação

Parece-me certo que o estado de consciência que o supramental proporciona, além de ser uma chave importante para o nosso progresso, tem todas as características de um bastão de peregrino. É como um ponto de ancoragem que persiste, desde que se entre radicalmente em movimento. Esse bastão é também um eixo, pois une simbolicamente a Terra e o Céu, o Denso e o Sutil. Ele tem o poder de conciliar *as* memórias e *a* Memória.

Ajuda-nos a compreender que essa Memória, na sua dimensão divina, é a única Força capaz de absorver o universo transitório das lembranças. Por lembranças, quero dizer sonhos, que são, todos eles, os papéis que interpretamos na gigantesca ilusão do nosso espaço-tempo.

Por enquanto, ainda hesitantes, estamos segurando tal bastão desajeitadamente. Mal lhe adivinhamos a existência e a importância. Colocamos a mão na sua base, tranqüilizados pela proximidade da horizontalidade do nosso chão, e com admiração diante dos Mestres elevados que sabemos terem conseguido empunhar-lhe o topo, mais alto até.

Sim, bem mais alto... porque o desabrochar do *nous* – que desmascara a ilusão – só anuncia as premissas do autodomínio pacificador a que aspiramos.

Em todas as tradições orais que fazem menção à sua existência, bem como na literatura a eles consagrada, está dito que os Mestres elevados – geralmente ligados ao Centro de emissão de Luz de Shamballá – manobram o espaço-tempo à vontade. Acaso trata-se de lendas sustentadas pelas Escolas do pensamento?

Através da minha própria experiência em contato com alguns deles, posso afirmar que os grandes Realizados manifestam efetivamente a capacidade de zombar do Tempo.

Isso é cheio de implicações, pois sendo o Tempo a mais imperceptível das dimensões que possamos conceber, implica o fato de que a noção de distância esteja dominada. Em resumo, é todo o universo das aparências, o nosso, que, pelo modo de ser dos grandes Liberados, fica desmascarado, adquirindo assim outro valor.

Os frutos da vacuidade

Não calculo o número de vezes em que, durante contatos privilegiados com alguns deles, vi-os desaparecer, depois reaparecer tão facilmente, parecia, como se interferíssemos na luz de um aposento acionando um comutador elétrico.

Quando tive oportunidade de questioná-los sobre essa particularidade da sua mestria, invariavelmente foi-me respondido que não se tratava exatamente de uma particularidade, mas da conseqüência lógica, primeira e inevitável da plena reunificação da sua consciência superior com a esfera divina da qual ela procede.

Ensinaram-me, com isso, que a facilidade com que um ser pode mostrar-se visível ou não em determinado lugar – ou seja, também em dado momento – está sempre ligada ao nível vibratório da alma que lhes anima o corpo.

Devia compreender, com essas palavras, que o corpo humano nada mais é do que a densificação maior ou menor da idéia que uma alma faz de si mesma no contexto da função que tem a desempenhar. Em termos concisos, significa que o aspecto pesado e relativamente fixo da matéria resulta do ritmo vibratório da consciência que a penetra.

O pleno domínio da consciência ocorre quando a esvaziamos completamente do que ela não é, ou seja, das miragens que seu universo lhe envia.

Uma vez atingido esse estado de vacuidade, ela se enche da "Luz-memória" unificadora que é o Akasha, expressão do Espírito divino.

Sendo por essência onipresente, ele salta não apenas tudo o que compreendemos como distâncias físicas, mas, necessariamente, os espaços temporais a elas ligados.

Resumindo, poderia dizer que os Mestres inventam ou desinventam à vontade o sonho, ou a ilusão da sua aparência densa, em função das necessidades da missão que assumiram. Eles exprimem e vivenciam totalmente a grande verdade, segundo a qual a matéria é energia.

Anais do Akasha

Agora, de onde provém essa energia? Se bem guardei as palavras que me foram confiadas, ela é a Onda espontânea, permanente e constantemente em movimento do Espírito divino... É o Akasha puro... Pensamento, Memória e Corrente de Vida em estado natural.

Lembrar-se da Luz

Se os grandes Libertos de que falamos se manifestam à nossa Humanidade desde que esta tem consciência de si mesma, é pura e simplesmente porque, com seu tipo de percepção da vida, essa Humanidade está, de certa forma, bloqueada nos meandros de um mundo fictício. Assim, é a definição que, por medo, imprimimos à trama vibratória deste mundo que o mantém e nos mantém nos limites que conhecemos.

Que mais dizer a não ser que somos escravos voluntários do nosso espaço físico e temporal?

Então, nada compreenderemos, nem sobre nós, nem sobre o universo que imaginamos e construímos, enquanto não tivermos nos esforçado por lembrar-nos da Luz de que fomos urdidos.

Essa luz, disseram-me, não se define com palavras. Sente-se, integra-se, vive-se. Relacionando-a com o que chamamos Obscuridade, jamais conseguiríamos aproximar-nos dela, senti-la e a seguir recebê-la. Ela engloba tanto nossa percepção de claridade como de escuridão.

Na verdade, ela é a Memória da nossa Origem, que faz com que nada jamais morra, mas que tudo se expanda infinitamente.

Ela é a respiração de Deus, é a busca de Deus dentro de nós, é Deus em nós...

Será que, finalmente, queremos compreender isso? Quero crer que *algo* em nós já o captou. Esta é a nossa esperança...

Anexo

O casamento do Akasha com o prâna

Complementando o depoimento relativo à minha própria experiência na Memória do Tempo, eis a seguir algumas reflexões baseadas nas informações que me foram comunicadas no curso dos anos. Elas dizem respeito à criação do nosso universo; são, portanto, de natureza cosmogônica.

Tentei resumi-las, depois de sintetizá-las em poucas páginas a fim de torná-las mais compreensíveis e mais assimiláveis também. Apesar de tudo, no entanto, alguns poderão achá-las áridas...

Fiquem tranqüilos, porém, sua memorização não é absolutamente fundamental! Elas atrairão essencialmente a atenção das pessoas para quem o fato de melhor compreender a formação do nosso cosmos tem a importância de uma semente. Quanto a mim, estou convencido de que seu conteúdo só poderá germinar, e a seguir dar frutos, se for captado pelo ouvido divino do *nous*...

- Está dito que no começo – ou, mais exatamente, no começo do que nos é quase inteligível – situa-se o Incognoscível. Esse incognoscível é o Aïn Soph da Tradição cabalística, a

Presença Eterna totalmente inacessível a toda consciência humana. Ela é inatingível porque se situa muito além do que o Espírito de seres como nós pode conceber de Deus. Aïn Soph é a Fonte absoluta da "bateria cósmica", seu Inventor.

• Uma fonte, no entanto, só pode existir e cumprir sua função relacionada a um contexto que se desenvolve em torno dela a fim de recebê-la. Sem a taça que lhe recolhe o fluxo, ela nada significa. Essa taça, por essência sagrada – ou seja, esse Graal – é a Grande Criação na sua total manifestação cósmica.

• A Onda incognoscível que dela verte é o reflexo perfeito do Divino. Ela não é, pois, o Criador da bateria, mas a própria bateria com seus dois pólos equilibrados, o positivo e o negativo. É o espelho através do qual o Incognoscível observa Sua própria natureza, tenta expressá-La e, fazendo isso, expandi-La.

• É também o ponto de manifestação primeiro de Deus, tal como nossa consciência humana pode começar a aflorá-Lo. Nesse sentido, pode-se ver aí a esfera de expressão de *Adam Kadmon*, o Homem completo, perfeito, ao mesmo tempo homem e mulher em estado puro, arquétipo. N'Ele, a Lembrança do Aïn Soph está impressa. É a Ele que o Cristo se dirige quando fala a Seu Pai. É d'Ele que se trata quando o Cristo é apresentado como sendo o Filho do Homem.

• Esse Pai divino, esse Homem primeiro e acabado, representa o germe do Akasha. Ele próprio vai gerar a Onda luminosa e memorial que é a base do nosso universo. Pode-se chamá-Lo Grande Akasha. Sua força é a que preexiste ao movimento natural da Queda, ou seja, do afastamento lógico e inevitável da Criação em relação ao seu Criador. Esse movimento é, analogicamente, o realizado por cada raio de luz que brota do núcleo de um sol.[1]

---

1 Deve-se distinguir da "Segunda queda", que corresponde à rejeição, depois ao esquecimento do Divino pela consciência encarnada.

• O Espírito Divino, **Adam Kadmon**, ou, ainda, Grande Akasha, sendo o reflexo de Aïn Soph, manifesta inevitavelmente a necessidade de ser mais. Para tanto, Ele prolonga espontaneamente a dinâmica de expansão do Incognoscível. Então Ele exprime a Criação, de modo que nós possamos apreendê-la.

• Essa Criação significa uma densificação, portanto, uma separação das polaridades da bateria cósmica primeira. Do germe do Grande Akasha brotam então, simultaneamente, o Akasha, tal como foi tratado nestas páginas, e o Prâna.

• Simbolicamente, o Akasha representa Adão, de expressão positiva e solar, ao passo que o Prâna simboliza Eva, de polaridade negativa e lunar. Em tal contexto, Adão e Eva não devem ser compreendidos como sendo simplesmente as duas raízes de tudo o que é Matéria densa.

• Quando se diz, na Tradição bíblica, que Eva foi tirada da costela de Adão, significa que ela provém de Adam Kadmon, Grande Akasha. Por que, simbolicamente, a costela foi a parte do corpo humano escolhida? Porque seu desenho arqueado lembra um crescente lunar com a polaridade a ele ligada.

• A necessidade de união entre Adão e Eva exprime, na verdade, uma necessidade vital de re-união pela enriquecedora experimentação da materialidade. Através dos esponsais de Adão e Eva, o que se mostra é a densidade, é o casamento do Akasha com o Prâna.

• Essa densificação, no entanto, não é a que conhecemos através dos nossos cinco sentidos. Ela foi a primeira a dar origem ao mundo etéreo. A aparição do mundo etéreo, fruto direto da "primeira queda", traduz, de certo modo, o "encontro dos sexos de Deus". Nessa visão das coisas, nada impede que se imagine que o Akasha, por seu aspecto masculino, desempenha

Anais do Akasha

globalmente o papel do espermatozóide.[2] Paralelamente, o Prâna, então, representa o óvulo, como *athanor*, vaso usado para a elaboração da Grande Obra alquímica.

• A esse nível de expressão da Onda de Vida, foi-me ensinado que o Akasha e o Prâna se unem em proporções iguais, como a água e o fogo que, por seu encontro, geram um vapor.

• Esse "vapor", manifestação sutil do universo da densidade, é o que tradicionalmente chamamos Éter. Esse Éter serve de molde à matéria densa, dentro da qual nos debatemos cotidianamente, vida após vida.

• O Éter encerra em si o conjunto dos materiais indispensáveis à construção do mundo do nosso corpo e do mundo através do qual nos deslocamos. Ele está na base do universo das formas e das aparências a partir das quais forjamos nossa definição da realidade.

• Os materiais que constituem o Éter se dividem em quatro tipos de elementos, em proporções iguais. Dois elementos de tipo "adâmico" e dois de tipo "évico". Como vimos anteriormente, é no seio desses quatro elementos que se exprimem as forças que chamamos "espíritos da Natureza".

• Houve um tempo em que o ser humano, ainda pouco densificado, experimentou a vida, tendo naturalmente acesso ao oceano etérico. Este fazia parte do seu universo. É o mundo das fadas, dos elfos, de que falam todas as Tradições. Os conhecimentos do tipo xamânico dão testemunho da memória, infelizmente atenuada, dessa época.

• Essa fase da nossa História começou a acabar progressi-

---

2 É bom lembrar que, no processo de reencarnação de uma alma, seu aspecto memorial, akáshico, portanto, é veiculado pela semente masculina através da transmissão do átomo-permanente. Ver *Les maladies karmiques*, do mesmo autor, ed. Le Perséa.

vamente com o movimento de distanciamento, depois de separação, que, com razão, podemos chamar "segunda queda".

• Essa queda é a mesma cujo peso carregamos , e cujo carma – resultante da nossa sujeição ao tempo linear – representa seus estigmas. Seu movimento para "baixo" é fruto direto do nosso livre-arbítrio. Nossa necessidade de bancar o criador fez nascer em nós uma vontade de reinventar a ordem do mundo.

• Tal atitude de rebelião gerou um desequilíbrio na repartição dos quatro constituintes adâmicos e évicos do Éter. Foi esse desequilíbrio que levou à densificação extrema da Matéria. Se esta hoje se apresenta sob a forma que conhecemos, é unicamente em razão do nível vibratório da nossa consciência coletiva.

• Esse fenômeno não é exclusivamente terrestre. Está presente no cosmos desde o nascimento da nossa "Onda de Criação". No entanto, todos os corpos celestes no seio dos quais uma vida consciente se exprime não o vivem do mesmo modo. As manifestações da vida lá são mais, ou menos densas e estabilizadas segundo variam as proporções dos elementos constitutivos do seu Éter.

• O desenvolvimento do *nous* – ou supraconsciente – num número crescente de seres humanos do nosso planeta, cedo ou tarde levará a uma "des-densificação" da sua Matéria. Assim, é obrigação de cada um trabalhar para a modificação do seu próprio nível de consciência. Não é o indivíduo que é tocado por seu próprio "pequeno adiantamento", mas o conjunto do seu reino, bem como dos reinos mais jovens sobre os quais ele tem responsabilidade.

• O movimento de separação intencional e alimentado até hoje pelo ser humano arrastou atrás de si os reinos animal, vegetal e mineral. A ascensão que representa a saída do labirinto da amnésia só pode ser total se for coletiva.

Anais do Akasha

- *Jamais nos esqueçamos de que todos pertencemos à mesma grande História da expansão da Luz através da infinidade dos Cosmos e além da ilusão do Tempo...*

O Caminho dos Essênios - Vol. 1
ANNE E DANIEL MEUROIS-GIVAUDAN
Formato 14 x 21 cm • 456 p.

Eis aqui uma obra da maior importância, da qual inúmeros leitores pelo mundo afirmam que modificou a trajetória de suas vidas. Um livro que, para muitos, foi a base de uma reconciliação com Aquele que marcou para sempre nossa humanidade.

Desde a descoberta dos Manuscritos do Mar Morto, todos se perguntam: "Quem era Jesus? E quem eram esses essênios de quem Ele era tão próximo?"

Este livro tenta responder a perguntas como essas, através de um testemunho vivido. Na verdade, Daniel Meurois e Anne Givaudan nos revelam aqui o resultado desafiante de suas experiências nos Anais do Akasha, durante dois anos de viagens astrais.

Pela qualidade da escrita e pela força do seu pensamento, o testemunho dos autores nos leva a reviver com emoção o desenrolar da vida cotidiana de uma comunidade essênia dos tempos evangélicos.

Rapidamente transformado em best-seller nos inúmeros países em que foi traduzido, *O Caminho dos Essênios* surpreende e fascina. Mesmo que perturbe muitas das idéias tradicionais, ele tem o mérito, ao nada impor, de tocar profundamente o leitor, levando-o a refletir sobre a importância da contribuição essênia para a preparação da missão crística e para sua compreensão no processo de evolução espiritual.

Durante cerca de vinte anos, Anne Givaudan e Daniel Meurois uniram seus esforços para oferecer ao público um testemunho fora do comum sobre a pluralidade dos mundos e a busca de uma nova consciência.

O Caminho dos Essênios - Vol. 2
ANNE E DANIEL MEUROIS-GIVAUDAN
Formato 14 x 21 cm • 336 p.

É com emoção que lhe apresentamos, amigo leitor, o segundo volume de um trabalho oriundo de inúmeras "leituras" nos Anais do Akasha — grande Livro do Tempo a que temos acesso por meio da "desincorporação".

Mais do que uma continuação do primeiro, ele é seu desenvolvimento. O aprofundamento que constitui levou-nos novamente a penetrar na Gália de alguns anos após a crucificação de Jesus, seguindo a trilha de José de Arimatéia e Maria Madalena.

Trata-se, pois, de uma reportagem tão exata quanto possível, uma espécie de "diário de viagem" de dois seres que atravessaram a Gália do primeiro século. Os Anais do Akasha, que só pudemos folhear com o maior respeito, nos falam de um tempo em que o conceito de espiritualidade não existia realmente, porque então o sagrado fazia parte do cotidiano.

Portanto, os capítulos apresentam situações de ontem que, em vários aspectos, sobrevivem hoje e podem melhor orientar-nos e preparar-nos para a iminência de uma gigantesca tomada de consciência.

Após este mergulho de dois mil anos no passado, parece-nos que o que chamamos de "os tempos evangélicos" não pertence à História antiga. Ao contrário, achamos que a energia que os anima e lhes imprime sua marca — queiramos ou não — está hoje, mais do que nunca, presente até em nossas células.

Os Não Desejados
DANIEL MEUROIS-GIVAUDAN
Formato 14 x 21 cm • 196 p.

Depois do enorme sucesso de *O Caminhos dos Essênios*, Daniel Meurois-Givaudan debruça-se agora sobre as engrenagens sutis do nascimento e da vida. Se na obra *Os Nove Degraus* ele nos revela o caminho seguido por uma alma para encarnar-se, continuávamos, no entanto, sem saber o que vive um ser que não consegue vir ao mundo. Neste novo livro, *Os Não Desejados*, o autor aborda, em termos simples e precisos, toda a problemática do aborto provocado, dos abortos espontâneos, das mortes prematuras e das malformações fetais.

Com o método de trabalho que lhe é peculiar — a expansão da consciência —, Daniel Meurois-Givaudan empenha-se a ir ao encontro de algumas almas para as quais, por razões diversas, corpos maternos se fecharam... ou não puderam abrir-se.

Como essas almas "indesejáveis" viveram e compreenderam a rejeição? Seu sofrimento tem um sentido? Enfim, de um lado e de outro da "cortina da vida", como reconstruir-se a partir de então... e depois construir? Elucidativo e ao mesmo tempo reconfortante, sem deixar de isentar reponsabilidades, *Os Não Desejados* tem o mérito de abordar de maneira totalmente nova e amorosa todas as provas, mesmo as mais íntimas, que podem machucar hoje em dia um número crescente de mulheres... e de casais.

Um guia tranquilizador para melhor superar feridas banalizadas, ocultas e freqüentemente negadas.

A Morada do Filho do Sol
DANIEL MEUROIS-GIVAUDAN
Formato 14 x 21 cm • 352 p.

O rio do tempo permite a alguns raros viajantes cruzarem sua correnteza na contracorrente da história dos homens, e de lá trazerem à tona memórias esquecidas, vidas que foram suas e de outros.

Daniel Givaudan é um desses viajantes do tempo. Suas antenas psíquicas são daquelas que permitem viajar ao passado e resgatar, como neste extraordinário relato de milênios findos, histórias que guardam o frescor e o realismo de quem as viveu. E ele o faz num estilo envolvente e lírico, que nos imanta desde as primeiras linhas e transporta com ele às velhas paragens da antiga Síria, e sobretudo às margens do Nilo – onde revive nada menos que sua existência como médico na corte do faraó Akhenaton. E é a odisséia do grande Filho do Sol que ele faz reviver, erguendo das brumas dos milênios, intacta e luminosa como o disco solar sobre a antiga Terra de Kem. Não apenas um relato externo, com aventuras, paixões, descobertas e embates entre homens e visões, mas a dimensão espiritual, profunda, da luminosa revolução, inédita no planeta, daquele que é chamado de o primeiro monoteísta da História.

Nesse contexto, as aventuras de Nagar-Thet, o médico e instrutor de almas, seus amores e trajetória em busca da luz interior, voltam a viver em uma narrativa sedutora, que transporta o leitor a cada cena em pleno Egito antigo – um mergulho no rio do tempo.

OS ANAIS DO AKASHA
foi confeccionado em impressão digital, em julho de 2023
Conhecimento Editorial Ltda
(19) 3451-5440 — conhecimento@edconhecimento.com.br
Impresso em Luxcream 80g – StoraEnso